毎日がちゃんと幸せな会社をつくる

井上大輔

はじめに

本書をお読みいただきありがとうございます。

僕は、京都府福知山市に本社を置く「株式会社 WELLZ UNITED（ウェルズ・ユナイテッド）」の代表を務める井上大輔と申します。

ウェルズ・ユナイテッドは、１９４７年創業の電気技術商社である「井上株式会社」のホールディング会社（社員１２８名）であり、僕は三代目のアトツギ経営者です。

さて、この本に記されているのは、**倒産寸前の実家の会社に何の準備も経営スキルもなくアトツギとして呼び戻された人間の話**です。

社員の逮捕に続き、公共工事への指名停止というさらなる困難が重なり最悪の状態にある中で、**「誰にとっても毎日がちゃんと幸せで、成長するいい会社をつくる」**というその一点によってすべての経営判断を行い、15年かけて再生・成長してきた記録です。

明日にも倒産という状態から再スタートして7年後（２０１８年）、僕たちの取り組みは京都経営品質協議会が創設した「京都経営品質賞・優秀賞」の受賞という形で実を結びます。審査員の方々からは、「革新的組織の入口に立っている」と評価していただきました。その後も業績は右肩上がりを続けていて、２０２３年5月〜２０２４年4月には、粗利益で創業以来最高益（10億円超）を達成しています。

ちなみに、これは目標から逆算し、最速最短のルートをめざした結果ではありません。**みんなで「毎日を優しく、楽しく」と言って、お互いをケアしながら楽しく働いてきた結果**です。ただただ人と組織の成熟によってもたらされたものなのです。

今回、僕たちがこの15年間に経験してきたことや、皆さんからよくお尋ねいただくことを一冊の本にまとめる機会をいただきました。

会社の規模や経験値から見ても、僕には先輩経営者の方々に何かを語る資格があるとは思いません。しかし、社員さんを本当に大切にする経営に舵《かじ》を切りたいと考える、悩めるアトツギ経営者（候補）の皆さんや、若手経営者の方々に自分の経験をお伝えすることならできるのではないかと考え、筆を執った次第です。

私を知る経営者やコンサルタントの方々の中には、「井上はWELL-BEING（本質的な価値、誰にとっても満たされた状態）の実現に偏りすぎだ」とおっしゃる方もいらっしゃいます。一定の評価をしてくださった上で、「社員の日々の幸せと成長に重きを置くやり方は特殊すぎて、他の会社では再現できない」というご意見もいただきます。

でも、僕はそうは思いません。これからは、**一人ひとりが主体的にその人らしく働き、その能力と価値を最大限に発揮していく「人的資本経営」――が求められる時代**です。

生産性は上がってもメンバー（社員）が幸せにならない経営では、いずれ息切れしてしまいます。**みんなが毎日を幸せと感じて働くことと生産性の高い事業運営の両立経営こそが、これからの時代の持続可能な経営だと信じています。**

そして、そのために試行錯誤の末にたどり着いたのは、**メンバーやステークホルダーを本当に信頼する経営――「信頼資本経営」**という概念でした。

僕たちの話が一つでもリーダーやそこで働くメンバーの皆さんのお役に立つなら、また、これから就職する学生の皆さんが仕事について考えるきっかけとなれば、著者としてこれ以上の喜びはありません。

毎日がちゃんと幸せな会社をつくる　目次

第1章 働く環境は全員で変えていく
感謝とアイデアが飛び交う職場

第2章

毎日ちゃんと幸せに働ける組織づくり

マニュアル化・統一化をやめてわかったこと

第3章
毎日が幸せなルートで山を登る
先行き不透明な時代の歩き方

第4章

一人ひとりの命に敬意を払う
どちらかを選ぶのではなく、全部選ぶ

第5章

長期的に〝最幸〟に、ワクワク儲ける

新しいビジョン「Happy Spiral」

アートディレクション　奥村靫正（TSTJ Inc.）
デザイン　真崎琴実（TSTJ Inc.）
写真提供　筆者
編集協力　津田秀晴

序章

本当の「アトツギ経営者」になる

絶望の底からの第二創業宣言

土砂降りの夜、警察がやって来た

２００９年10月下旬のある雨の日――。

夕方、警察から会社に不思議な電話がありました。夜９時に書類を取りに行くので誰かいてほしいと言うのです。

この唐突な申し出を受けたのは、当時の総務部長でした。

夜遅い時間に警察が書類を取りに来ることなどあるのだろうか？　一体何の書類を――？

総務部長は不安げに、「社長、これって『ガサ入れ』じゃないですか？」と言います。

「まさか⁉」

そんな話をしながら、二人のメンバーの顔を思い浮かべていました。彼らはその日に「警察に行く」と言ったきり、まだ会社に戻っていなかったのです。

僕はこう思っていました。電気工事に関係することで何かの協力を求められたか、でなければ何か警察に行く用事があるんだろう、と。

しかし、ひょっとすると今回の電話と関係があるのかもしれません。

総務部長からは「社長、僕一人では無理です。社長も一緒にいてください」と懇願され、まさかと思いつつ、念のため僕も残ることにしました。

夜9時——。土砂降りの雨の中、刑事たちが一斉に乗り込んできました。全部で8人くらいはいたでしょうか。

テレビドラマで見かけるような、いかにも刑事という感じのスーツ姿の人たちが、うちの会社に贈収賄の疑いがあるというのです。

青天の霹靂《へきれき》とは、まさにこのことでした。贈収賄など、まったく心当たりがありません。だから、僕は「何でも協力しますよ」と答えました。

詳しい事情がわかったのは、後日、警察署へ挨拶に来いと言われ、改めて出向いてからです。

当時、警察は役人の不正を調べており、捜査の過程でうちのメンバーと某自治体の職員が祇園で酒を飲んでいた事実をつかみました。

それで、「井上株式会社は官公庁の仕事も請け負っている。癒着があるに違いない」と踏んだのです。

しかし、役人との癒着など断じてありません。

警察が捜査をするうちにわかったのは、うちのメンバーの一人とその役人が現場で顔を合わせて仲良くなり、そして、そのメンバーが「個人的に会社の金をくすねて〝知り合い〟と遊んでいた」という構図でした。つまり、会社ぐるみの贈収賄ではないことが認められたのです。

ただし、民間から行政にお金が流れたことは確かなので、彼らは有罪になりました。

もともと役人をターゲットに捜査していた刑事たちは、どちらかというと僕たちに同情的でしたが、こちらはそんな悠長なことを言っていられる状態ではありません。ごく一部のメンバーが個人的にやらかしたこととはいえ、会社は致命的なダメージを負うことになりました。

社会的な信用が毀損《きそん》されたのはもちろん、当時売上の半分近くが公共工事であったところへ、1年以上の指名停止処分を受けたのです。

しかも当時の会社はまだ、実質債務超過の中を懸命にやりくりしている大変厳しい時期にありました。そこへ、この事件です。

将棋で言えば、誰が見ても「詰み」の状況です。会社という船が静かに確実に沈んでいくイメージが脳裏に鮮明に浮かびました。

絶望の底にあった再起への希望

社員による贈収賄事件があったときの僕は、父が病に倒れたのを機に海外（バリ島）から「アトツギ」として呼び戻され、6年が過ぎたところでした。28歳で帰国しましたから、30代の半ばです。

肩書きこそ「社長」でしたが、それまでホテリエだったので、電気業界や会社の事業領域についてはまったくの門外漢です。もちろん経営の知識もありません。

そのため、会社の経営は〝大番頭〟的存在だった専務が取り仕切っていました。専務は18歳のときからこの業界で働いているので、会社の内も外も知り尽くしています。

「あなたはまだ素人に近いから、何もしなくていい。借金の判子だけ押していればいい」と言われ、会社の奥で財務内容を改善し、借金を減らすことに専念していました。

現場に出て、メンバーと一緒に仕事をすることなどはありませんから、多くのメンバーたちは、社長である僕がどういう価値観を持つ人間であるか、まったくわかっていなかったことでしょう。

もっとも、この時期にじっくり財務と経営学を学んでいたことが、後になって大いに役に立つのですから、人生はどう転ぶかわかりません。

ちなみに、僕がそんな立場に6年間も甘んじていたのには、別の理由もありました。後がない会社を僕が継がなければという自分本位な正義感はあったものの、会社の内情が想像していた以上に酷く、どうしたらいいのかすぐにはわからなかったのです。

厳しい言い方をすると、**「カネなし、モラルなし、ビジョンなし——」。実質債務超過が10億円近くあり**、職場のモラルは低く、労使間やメンバー間に信頼があるような状態ではありませんでした。

何のために他人同士が一つに集まって働いている（人生を共にしている）のか、わからない集団だったと思います。

その意味では、先の事件も起こるべくして起こった出来事ですし、歴代の経営者の責任です。

ただ、その一方で、不思議な感覚もありました。

船が静かに確実に沈んでいく中で、「今こそ自分も会社も変わらなければならない……」という気持ちが芽生えて自分の中に希望の光を見たのです。

それは、メンバーと一緒にお客さまや関係者へ事情説明に回ったときでした。厳しいお叱りと取引停止の宣告を受ける覚悟で100社くらいを訪ねたのですが、実際にそうなったのは1社だけで、あとの99社は「井上、がんばれ」と、**「井上」という会社を応援すると言ってくださった**のです。

正直、予想外でした。自分が知った気になっていた「社会」とは違う、と思いました。こんな不祥事があってもお客さまがこれだけ応援してくれているということは、まだこの地域に存在してもいい会社なのではないだろうか？　多くのお客さまがそう言ってくださるものがこの会社にまだあるとしたら、それは一体何だろうか？

それは創業者の信用でも、先代社長である父の信用でもありません。

お客さまと話してみて気づいたのは、メンバーたちがお客さまのために日々誠実に行っていたことに対する信用でした。

沈みゆく会社の中には、お客さまとの信頼関係と、お客さまに日々向き合っているメンバーたちの誠実さがあった。それを大切にできていない経営こそ、お金がないことよりももっと深刻な問題であることに、そのとき初めて気づいたのです。

ある晩のこと。お客さまへの事情説明から帰社すると、会議室に15～16人のメンバーが集まりました。みんな僕より年上です。

午後6時を過ぎても7時を過ぎても、みんなは帰ろうとしません。目の前で起きている事実を呑み込めず、「明日にでも会社がなくなってしまうかもしれない」という恐怖心もあって、帰りたくても帰れないのです。

それは僕も同じでした。先ほども書いた通り、僕はそのときまでメンバーと一緒に何かをするということがなかったので、初めて彼らとじっくり話しました。

重苦しい空気の中、メンバーたちはポツリ、ポツリと心情を吐露《とろ》します。

「社長、僕はこんなことになる会社で働きたかったんじゃありません」

「もっと希望があったんですよ……」

その言葉を受け止めながら、「なんでこんなことをみんなに言わせているのか？　社長としての責任をまったく果たせていない、申し訳ない、恥ずかしい」と心から思いました。当時は、完全なトップダウン型ですべての物事が決まり、メンバーたちの主体性は皆無でした。

「こんな極限状態でなければメンバーが本音や不満を言えないのか……」

社長としても人としても大切なことにまったく気づけていない、まったくやれていないと思ったのです。

借金は20億円超。でも恩返しがしたかった

ここで話は、その6年前に遡《さかのぼ》ります。

祖父から経営を引き継いだ父は、業績を拡大しました。しかし、1995年以降に始めた海外事業(バリ島でのホテル経営)に行き詰まり、2002年には実質上の債務超過に陥ります。

当時、僕は電気の仕事よりもホスピタリティ産業のほうが自分の性格に合うと思い、ロンドンでホテルの勉強をした後で、バリ島の事業を手伝っていました。

ホテル事業の実態は会社の体《てい》を成していないような状態で、まったく上手くいっていませんでしたが、僕が何か提案しても父はあまり聞こうとしません。

これ以上一緒にやっていてもよくないと思い、隣国のシンガポールに出かけていたときにホテルで一晩考えて、「もう辞めよう!」と決意しました。

翌日バリ島のホテルに戻りましたが、ちょうどその日の前夜に、父が倒れたのです。

辞める気まんまんでシンガポールからバリ島に戻ってきたときには、父はすでに関西国際空港の病院にメディカルウィングで緊急搬送された後でした。

辞表を提出する相手がいなくなってしまい、それから1年弱の間、素人ながらホテルのマネジメントをすることになりました。日本の本社から、「そちらのことはよくわからないから、任せる！」と言われてしまったからです。でも、ホテル経営の内情はぐちゃぐちゃでした。

そうこうしているうちに専務から電話がかかってきたのです。

「悪いけど、もう無理や。そっちも大変かもしれんけど、こっちも親父さんがつくった借金で大変なんや。ホテルがどうのこうのではなく、日本の会社が後先わからん状態になってる。悪いけど帰って来てこっちを継いでくれ」

驚きました。専務の説明によると、**会社の財務はズタボロで、取引銀行が作成した「次に潰さなければいけない地元企業リスト」の3社の中に入っている**といううわさまであります。

慌てて銀行と交渉した結果、「代表者を交代し、外部コンサルタントの知恵を借りなががら再建するなら当面様子を見てもいい」という話になった——と言うのです。

しかし、僕はホテリエです。電気業界の知識も経営スキルもありません。

その上、**会社には20億円を超える借金がある**と言います。父が倒れたとはいえ、これを背負うのはさすがに怖い。

ただ一方では、父や家族、お世話になった方々への感謝の気持ちもありました。全寮制の中高一貫校に通わせてもらい、大学を出た後には3年間もロンドンに留学させてもらっていました。一般的な家庭の子どもよりも、とても恵まれた支援を受けてきました。

そして、**父が教育費として出してくれたお金は、もともとは会社が稼いだもの**なのです。父や家族、会社に恩返しをしたい気持ちもある。しかし、自信はありません。怖く、とても迷いました。

当時一緒にバリ島で働いていた、3つ年下の弟も憔悴し切っていました。

夜中に僕の部屋に来て「お兄ちゃん、俺、寝られへん」と話す顔には、生気がまったくなかった。そんな弟の姿を見て、必死に現実と向き合っているんだなと思ったのを憶えています。

僕は弟よりはまだマシな精神状態だったので、こう励ましていました。

「まあ、がんばろう。やるしかないんだから」

「あなたは運命の中にある」――勇気をくれた義父の言葉

三代目として会社を継ぐかどうか迷った僕は、当時付き合っていた彼女（今の妻）の父親に相談することにしました。結婚も考えていた彼女に対する責任もありましたし、義父はメガバンクの支店長を歴任した人だったからです。

てっきり大反対されると思って出向いたのですが、意外なことに、義父はこんなふうに言ってくれたのです。

「大輔君、あなたは運命の中にある。それはやらなければダメだよ。ただし、娘が結婚するかどうかは娘が決める。親としては娘の意思に任せる。でも、後を継いでやりなさいよ」

バンカーとしての見立てもあったのでしょうが、おそらくは、中小企業をたくさん見てきた人間として、「同族企業とはそういうものだよ」という意味も込めて背中を押してくれたのでしょう。

僕は、その一言に勇気をもらい、決意が固まりました。

とはいえ、その後の6～7年は、この世の不幸のすべてを背負わされたような他責の気持ちになっていたこと、そして、実力がないのに安易な責任感でアトツギになった自分の甘さ・弱さと向き合う毎日でした。

しかし、今振り返ってみると、義父の言葉に従ってよかった。結果的に会社の経営を立て直せたからではなく、**自分も含めた、この会社に関わる人たちが以前よりも総じて幸せになっていると思う**からです。

背中を押されてから15年後の**2018年、僕たちの会社は「京都経営品質賞・優秀賞」をいただくことができました。**同じ頃に債務超過が解消したこともあり、妻の実家へお礼と報告に行くと、義父は涙を流して喜んでくれました。

「よくがんばったなあ。あのときはああ言ったが、自分も悩んでいたんだよ」と。

なお、妻に「あのときなぜ結婚してくれたの？」と尋ねたところ、「婚期を逃したくなかったから」と笑いつつ、「借金は20億円も200万円も返せなかったら同じ。もしダメだったら、まだ若いんだし、二人でやり直せばいいと思った」と言っていました。

当時は、正直ダメかもしれないと思っていたそうですから、妻には感謝しかありません。

コンサルからほめられた「真摯さと実行力」

会社を継いだときの最優先課題は、もちろん財務内容の改善でした。

しかし、何とかやっていこうと思っていた矢先に、経理担当者が逃げるように辞めてしまったのです。経営状態が悪い会社によくある話です。

仕方なく新しい経理課長を募集したところ、幸いにも金融機関勤務の経験も実力もある人が入ってくれることになり、僕たちは銀行とコンサルティング会社と共に再建スキームをつくって、「そこまでやるか」というくらいに徹底して取り組みました。

具体的には、次のようなことです。

- **個人・法人の資産の再評価、現金化による債務圧縮**
- **経費のリストラ**
- **株式の集約**

- **金融機関とのＤＤＳ（Debt Debt Swap）**
- **海外投資事業の撤退、清算、売却**
- **財務の整理と徹底した部門会計**
- **事業の統廃合**
- **適正業務の管理強化**

とにかくできることはすべてやり、決めたことは迷わずやり切るしかありません。会社の土地も、使わない場所を無理やり決め、切り売りしました。数百万円の土地を売ったところで焼け石に水であり、今となっては手狭で困る原因となっているのですが、当時は、そんな余裕はありません。**祖父や父の思い入れがある先祖代々の土地や事業も、会社と井上家の間に入って、容赦なく処分**しました。

ちなみに、「金融機関とのＤＤＳ（Debt Debt Swap）」というのは、金融機関の同意の下で既存の借入金を劣後ローンとして借り換え、財務支出を軽くする手法です。当時は最先端の手法でした。取引銀行にとっても初めてのケースだったと聞いています。

とにかく考えられる限りのことを一切言い訳せずに確実にやるしかなかった。一瞬でも気を緩めると崖から落ちてしまうような緊張感の中で日々過ごしていました。そのくらい切羽詰まっていたのです。そのときの様子を後年、担当コンサルタントから、こう言われました。

「井上さんは、うちとしても特別なクライアントだった。当時は非常に難しい再建スキームに取り組んでいたが、こちらがやるべきと言ったことは、言い訳をせずに必ずやっていた。社内でも、『井上さんはやるべきことはやる会社。すごい』という話になっていましたよ」

これは、後述しますが当時の専務に実行力があったことと、僕が経営の素人だったことが逆によかったのだと思います。会社の再生を託していたコンサルティング会社の言うことですから、とにかく愚直に実行しなければいけないと思っていました。

改めてそこから考えると、**アトツギ経営者にとって最も大切なのは、客観的な会社の状況把握と、それと向き合う真摯《しんし》さや素直さ**なのかもしれません。

頼りになった20歳年上のパートナー経営者の実行力

アトツギ経営者となったものの、実質的に采配を振るっていたのは専務であり、僕はそれを横目で見て、借金を減らすことだけに奔走していました。

専務の強いリーダーシップはとても頼りになりました。今の経営スタイルとはまったく違いますが、当時の会社を延命させるには、強烈なトップダウン型のマネジメントしかなかったと思いますし、学ぶべき点や感謝していることがたくさんありました。それまで海外でフワフワした生き方をしていた僕が、会社の難しい局面を乗り切れたのは専務がいたからです。

特に勉強になったのは、仕事に関する実行力と、やり切ろうとする執念でした。

専門家とつくった再建スキームがあるといっても、実行できなければそれは絵に描いた餅です。**会社再建という山をどう登り切っていくかという部分では、経営者の覚悟やメンタル、体力が問われます。**そのときに、一緒に歩いてくれる20歳年上の先輩がいるということは心強いものでした。

当時、印象的だったことがあります。

放置され経緯のわからない、決して少額ではない売掛金が出てきたときのことです。相手の住所をネット検索してみると、掘っ立て小屋のような怪しい事業所が出てきました。

直感的に、一筋縄ではいかない相手だと思いました。どうしたものかと皆が躊躇《ちゅうちょ》する中、それを見た専務は即座に、「行ってくる」と言って車で出かけて行きました。

彼のそういう行動力に鍛えられたおかげで、何事からも逃げずに会社再建を実現できたのだと思います。

もう一つ、**専務に感謝しているのは、僕が会社を継ぐ前に先代社長の取り巻きだった幹部メンバーたちを一人ひとり説得し、退職させていたこと**でした。改革に反対するであろう人たちに引導を渡し、アトツギがやりやすい環境をつくってくれていたのです。この事前の対処がなければ、その後の改革は、かなり遠回りすることになったはずです。

ただし、最適なリーダーシップやマネジメントは、その組織の置かれている状況や成熟度によって変わってきます。

強いリーダーシップによるトップダウン型のマネジメントは創業期やピンチのとき、未熟な組織では大きな力を発揮しますが、その次のステージでは別の最適解があるはずです。というよりも、僕には専務と同じやり方はできません。

だからその後、経営を完全にバトンタッチしてもらったときに、もっと自分の考えや思いに沿った「自分の人生をかけた方針」を打ち出すことになります。

第二創業宣言で、本当の「アトツギ経営者」へ

贈収賄事件が起きたのは、社長を継いでから6年後、創業者の祖父が亡くなってちょうど2週間が経ったときでした。葬儀が終わり、初七日も済んでホッと一息ついた日。でも債務超過はまだまだたくさんあります。

これまで会社は何とか小康状態を保ってきましたが、「カネなし、モラルなし、ビジョンなし――」という根本的な問題は解決していませんでした。

そこにさらに、ガツンと頭をハンマーで殴られたようなショックを受けたのが、この贈収賄事件です。

この事件は、創業者である祖父がくれた最後のメッセージだと思いました。

「おまえがアトツギとしてやるなら、いいかげん『そこ』に気づかないと、この会社はもう後がないぞ」と。

「そこ」というのは、僕の他責思考です。

僕は人生が上手くいかない原因をすべて自分の外に求めていました。アトツギ経営者な

のだから自分事として取り組まないといけないのに、自立心がまったく足りていませんでした。「親父がやったことは息子が埋め合わせをしなければ……」くらいの安直な正義感で会社を継いでいたのだと思います。

専務に経営を委ねているときには、自分に自信がなかったし、「アトツギになったけどできるのか?」とか、「どうしてこんな状態なのか?」「父親の放漫経営の後始末をなぜ俺が……」などと他責思考で揺れていました。だから、専務の強烈なトップダウン型のマネジメントに思うことはあっても、自分はただ傍観していました。

しかし、今は言い訳を並べて逃げている場合ではありません。

そんな中で、僕は専務から「事件の処理をお前に任せる」と言われます。それまで強気だった専務でしたが、事件によってすっかり弱気になってしまったのです。

正直「このタイミングで?」と思いましたが、一方では「自分にとっての大切な機会は今だ」と思いました。今、会社で起こっていることは経営者としてというより一人の人間としての自分の問題であることを認めないと、もう自分の再起は図れないと気づいたのです。

その晩、帰宅してから、本当に自分が会社を再建できるかどうかを考えました。ちょうど妻と子どもが実家に帰省していたので、ポツンと部屋に一人きりです。

電気業界のことはわからないし、今の会社ではお金のことしかやってきていない。しかし、借金の保証人の判子も押してしまっているし、「やっぱり辞めます」とも言えない。諦めれば会社は潰れて、自分も自己破産になります。

そうなったら妻や子どもに申し訳ないいし、会社のメンバーたちの思いにこれまで何一つ応えられていない。これはもうやるしかない――。

そう思ったときに、「ではどうすればいい?」と考えました。「僕にできることは何だろうか?」「自分自身はどんな人生を歩みたいのか?」と。

出した結論は、次のようなことです。

【事業家としての経験もセンスもなく、それが原因で会社を倒産させてしまうことはあっても、一緒に働いてくれるメンバーを大切にせず、会社を倒産させてしまうような経営者とは今ここではっきり決別しなければならない。メンバーを大切にする経営者になら今からでもなれる。これからは何十年かかろうとも、自分が心から大切だと思うことから逃げずにやろう。「人」として会社とメンバーに対して真摯に向き合っていこう。いつか会社が駄目になったときに世間に迷惑をかけたり、笑われても仕方がないが、「あのときからメンバーを大切にして経営をやってきました」ということだけは、胸を張って言える経営者として世間に頭を下げよう】

29歳で会社を継いだものの、自分の人生と正面から向き合うことを恐れて甘えていた自分と決別して再起をかけるのです。その再起には会社のメンバーの幸せが必ず含まれていなければ再起とは言えないし、メンバーそれぞれが再起をかける助けとなる存在でなければ意味がありません。

正直、この時点では、「終わりの物語」というか、「始末のつけ方」という感じでしたが、翌日、専務のところへ行って、こう言いました。

「お前に任せると言ってくださったので、本当に１００％、僕に経営を任せてください」

その上で、そこから**1年間の準備期間をもらい、自分たちが大切にする価値観と方針である「i Standard」（現在は「We Standard」に変更）をつくりました。**

この中で僕が示したのが、**「働く一人ひとりが幸せな会社創り」**です。

一部の誰かが幸せになるのではなく、ここで働くみんなが幸せになる会社にしたい。他人同士がわざわざ集まるその時間や空間をもっと大切に扱いたい――。そんな思いを込めて、２０１１年にメンバーを集めて「第二創業宣言」をしました。

「こんな未熟な社長ですが会社をつくり直したいです。いろいろ課題はありますが、みんなが幸せになる会社にしませんか？　僕はそこから逃げませんから」

i Standard をまとめ上げたとき、専務はそれを読み込んだ上で、しみじみとこう言いました。

「そうか……。大輔君、これは確かにあなた自身から出たものだ……」

専務の心情を勝手に推し量れば、まさかここまで会社の課題や方向性を落とし込んだものをつくれるほど、経営者としての準備ができているとは思っていなかったようでした。

「うん、これやったらいけるわ。がんばれ。わしは応援するわ」

この言葉の通り、それからは口出しを一切せず、サポートに徹してくれました。

そして、もう一人――。

会社経営から遠ざけていた父には、こんな趣旨のメールを送りました。

「会社を継いで、こういうことになった。いろいろ考えたけれど、僕はやっぱり親父の息子でよかったし、すごく感謝している。今までいろいろ言ったことを許してほしい。ここからは自分事として、取り組んでいく。今まで育ててくれてありがとう」

父の返信は、「そうか、わかった。がんばれ」――。

何だか別れの手紙のようですが、そのときに父に対する依存心のようなものがすっかり消えたのです。

一人の人間として、一人の経営者として、自分自身の旅のスタート地点に立った瞬間でした。

ちゃんと幸せになるために必要な二つのこと

「幸せに生きたい、他人に優しく生きたい、偽りなくありのままで生きたい」

第二創業宣言をして、本当の経営者として再出発する際に、「どうせ明日どうなるかわからない会社を経営するのであれば、何よりも大切だと考える『**お互いが幸せに生きること**』**を最優先に取り組む会社経営をしよう**」と決めました。

直接のきっかけは、会社が倒産寸前にまで追い込まれていたことですが、そもそも「勝ち組」「負け組」といった言葉に象徴されるような、競争や比較の先に幸せがあるとする価値観に疑問を持っていました。はっきり言えば苦手でした。

また、ビジネスの世界では結果や生産性ばかりが高く評価されますが、**人として優しさや信頼が大切だと考えていて、それは経営的にももっと意味がある**のではないかと思っていました。

その考え方にたどり着いた背景には、バリ島での人々との交流がありました。

2001年、父の肝煎りで始めたバリ島のホテル事業から撤退することになりました。そのことを現地の取締役がインドネシア語で従業員たちに説明したときのことです。従業員は250人くらいいたのですが、みんなはその説明に納得しません。すっかりお手上げ状態になってしまい、取締役に代わって、僕が片言のインドネシア語で説得することになりました。

「申し訳ない。こういう状況で会社を閉じるしかないんです」

そうやって頭を下げたところ、大半の人が泣いていました。話し合いの後には僕のところにワーッと集まってきてみんなで抱き合い、「寂しい」「悲しい」と口々に言うのです。

もちろん、仕事がなくなることは困るし、明日の暮らしも不安なのですが、それ以上に、**「せっかく一緒に過ごしてきたのに、一緒にやってきたのに残念だ」と泣いていました。**

悪いのはこちら側なのに、8割以上の人たちは怒るよりも「寂しい」と泣いてくれた。これは、ものすごく強烈な経験でした。

やはり会社はちゃんと経営しないと、いろいろな人を悲しませることになる。非常に責任があることなのだと、頭ではなく、心と体で感じたのです。

話は、それだけではありません。

第二創業宣言をしてから3年ほど経った頃、たまたまバリ島を訪れる機会があったので、以前ホテルで働いていた人たち数人と会うことにしました。

経営側の責任でいきなり仕事がなくなったわけですから、彼らが冷めた感じの反応を示すことも覚悟していました。

ところが、みんなは、「うわぁ！　ダイスケさん！」と駆け寄ってきて再会を喜んでくれたのです。バリ島の人たちが、人と人との関係において何を大切にするかが改めてよくわかりました。

しかも、ホテルを潰した父親のことを、「お父さん、元気？　あのときは大変だったな」と心配してくれるのです。その優しさにも感動しました。

振り返ってみると、バリ島で働いているときには、人と人とのこのような触れ合いがたくさんあったのです。

正直、バリの人たちは、かつての日本人のように、家庭やプライベートを犠牲にするような働き方はしません。**経済的な成功よりも、宗教的な生き方というか、日々の生活をいかに幸せに生きるかを大切にしていると感じることがあります。**

バリ島での経験では、彼らのそういった面がすごく勉強になりました。また、**いろいろな人がいて、いろいろな way of life がある**ことは素敵だと思っていました。その前にいたロンドンでの生活も含めて、**多様性のある社会とはどういうものかを肌感覚で知り、そこでお互いが主体的に工夫して生活することをいいな～**と思っていました。

ところが、会社を継ぐために京都府の福知山市に戻ってくると、同じ国の、同じ地域の、同じ方言を話す、同じ会社の人間たちが仲の悪い環境で働いていました。

「どうしてこんなことになっているのだろう?」

そこで感じた大きなギャップが、２０１１年の第二創業宣言へとつながっていったのです。

第1章

働く環境は全員で変えていく

感謝とアイデアが飛び交う職場

chapter 1

働く幸せとは「一人ひとりの主体的な気づき」にある

「働く人を幸せにする」――。そう決めたら、**「働く幸せとは何か」を定義**しなければいけません。

皆さんは、これについてどう考えますか?

もちろん、お給料が高いほど、そこで働く人は幸せのように思えます。でも、会社の状況や規模・業種などを考えたときに、すぐにできることとできないことがあります。

また、幸せとはお金の多寡だけの話ではありません。たとえば、「仕事にやりがいがある」「働いていて楽しい」「人間関係が良い」「人として成長できる」「プライベートを楽しむことと仕事が両立できる」……といったことも大事な要素です。

そこで僕が出した結論は、**「幸せとは、一人ひとりの主体的な気づきや実感にある」**ということでした。何に幸せを感じるかの前に、主体性がないと幸せへの旅は始まらないことに気づきました。

上司から命令や指示を受けるだけだったり、マニュアル通りに行動するだけだったり、生産性を高めるために徹底的に管理されるだけで主体性を発揮する機会が少ないと、幸せを感じる機会も少なくなると考えました。

だから、

- **自分で気づいて、自分で考える**
- **自分で判断して、自分から行動する**
- **成功も失敗も良い経験として受け止めて、その学びを次に活かす**
- **対象への関わり方や歩みのスピードは自分自身で決める**

このように、「主体的な気づきや実感」とは、やれと言われなくても勝手に楽しむこと、つまり、趣味や遊びと向き合うときと同じようなスタンスの中から生まれるものだと考え、僕の会社も、これからはそんなふうにしたいと思いました。

ただし、「幸せになる経営」の主体は、経営者ではなくメンバー一人ひとりです。

これを実現するために、経営者が先頭に立って引っ張っていったり、メンバーを管理したりしては、僕の考える幸せの定義と矛盾してしまいます。

だから指示や管理をするのではなく、僕自身がメンバーを信じ、メンバーが互いに支え合う経営をめざすことにしました。

幸せになるために、みんなでやる。もしできなければ責任は経営者がとる。拙速に結果だけを求めるのではなく、**時間をかけて成長する旅に出よう――**。

その思いを形にしたのが、第二創業宣言のときにつくった「i Standard」（現在は「We Standard」に変更）や、いくつかの制度や取り組み（図表1）でした。

図表1　第二創業宣言時に策定した制度・取り組み

財務面	アライアンス先への支払い条件の改善
	借入金条件の改善
	日次棚卸
	キャッシュフロー化の徹底
社内面	朝礼・掃除・5Sの習慣化
	採用プロジェクトの発足
	方針手帳の導入
	iデア提案活動とGJP（グッジョブポイント）制度
	社内アカデミー制度
	iWork　新人事制度
	職場環境改善の予算化と実施
	管理部門の廃止とチーム制導入
お客さま	理不尽なお客さまとの取引停止
	お客さまの数、層（レイヤー）ともに新規開拓
	お客さまへの提供価値の変更

※一部第二創業宣言以前のものも含む

『We Standard Book』と名付けた冊子の表紙。大切なことを明文化して全社で共有している

chapter 1

会社の文化を変えた「グッジョブポイント制度」

数ある取り組みの中で、会社が変わる大きな原動力になったのが、「グッジョブポイント制度」と「みんなのありがとう交換制度」、そして「i デアスパイラル（アイデア提案活動）」の三つでした。

ここでは、この三つの取り組みについて書いていこうと思います。

まず**「グッジョブポイント制度」とは、メンバーの主体的および献身的な行動を奨励するる**ために始めたものです。

英語では、誰かの行為をほめるときに「Good Job!」と言いますよね。

この制度では、会社や部署のリーダーは、メンバーの日々の主体的な行動や努力を見て、評価に値すると思ったら「グッジョブポイント」を付与します。

付与する基準は特に難しいものではありません。お客さまや同僚のための行動の中に、

図表2　グッジョブポイントの一例

ポイント	支給内容
1	京都ろう学校からの職業実習受け入れに際して、経営サポート内の調整に協力いただきありがとうございました。また、忙しい中でご自身も指導に携わっていただいて、ありがとうございました。
1	プロジェクトリーダーとしてメンバーをまとめ無事プロジェクトを成功させていただきました。GJ!
1	現場納品依頼を引き受け、自らお客さまに場所の確認をしているやり取りを見ていて、成長を感じました!　ナイス!
1	毎日代表電話にかかってくる電話をいの一番にとってくれてありがとう。誰よりも早い対応がすごく素晴らしいし、かっこいいです。また、対応もとても丁寧で会社の代表として受電対応をしていることへの意識の高さを感じます。GJです。
1	棚卸で在庫差異が生じた際に、画像やデータの検証、メンバーへの確認など、あらゆる手を尽くして調べてくれます。在庫差異が生じないことがベストなので全員で協力してなくしていきましょう!
1	現場に向かう前の積み込みや撤去後の荷降ろしなど、細やかな気づかいをしていただきました。誰がされても、とても嬉しいことです。ありがとうございました。
1	インターンシップでの担当を受け持ってもらいました。体験発表を聞いても、良い経験をしてもらえたようで頼もしかったです。
1	多くの難しい案件を2人で協力して進めてくれています。今後も期待しています。
1	お客さまからの急な要望にスピーディーに応えられ、とても喜んでいただけました。意図を汲んでの会話と作業、見積もりまでが早い!　GJです。
1	仕入れ先様からカタログ、チラシを都度いただいていますが、お客さまへ配布する前にいつも社名スタンプを押していただいています。ちょっとしたことで受注確率も上がり助かっています。ありがとう!

主体的な要素が少しでも見えればいいのです。

たとえば、同僚を心配して声をかけたり、相談に乗ったり、みんなのために改善点を提案したり、指示される前に自分からお客さまのために動いたり……といったことです。

会社は、そのポイントを「1ポイント＝500円」で買い取った上で、ボーナスと併せて支給します。

10個で5000円、100個で5万円の報酬になりますから、メンバーの中には積極的にお小遣い稼ぎをする人もいますが、別にかまいません。動機がどうであろうと、結果的に主体性を発揮して誰かのためになることをするなら、それでいい。

また、本人の成長のことを考えても、「主体的に行動した」という経験が積み重なっていくことに変わりありません。

大切なのは最初の動機よりも経験です。まずやってみれば、いろいろ感じることがあります。単なる知識よりも、**具体的に取り組んだことから得た気づきやフィードバック**こそが、その人が成長するには大切だと考えています。

そのためには、制度の匙《さじ》加減も大事です。みんなに取り組んでもらうには、「やってみると面白いけれども面倒くさい。でも、やって損にはならないからやってみようか……」

というくらいのところを上手に設定する必要があります。

そうすると、いつの間にかメンバーたちの動機が変わっていき、主体的に行動することが楽しく、当たり前になっていきます。もはやポイントやお金などのためではなくなって、「グッジョブポイント制度って何だっけ？」といった反応になっていくのです。同時にグッジョブポイントを与える側のリーダーがメンバーを見る視点も変わっていきます。メンバーの業務の正確性をチェックするのではなく、メンバーそれぞれの主体性発揮にフォーカスするようになっていきました。

取り組む熱量やスピードは人それぞれでいい

もちろん、**やりたくない人はやらなくてもかまいません**。この自由で大らかなスタンスも、僕たちの会社の特徴です。

当初、幹部メンバーの中には、「せっかくこんなに緩くやりやすい制度をつくっているのに、なぜみんな取り組まないのだろう？」と、該当者の少なさに焦っている人もいました。

でも、それでいいと思っていたんです。人によって取り組み度合いに差はあって当たり前。いろいろな心の状態や価値観があって当たり前だからです。特にお金に困っていなければ、５００円のために自分を変えてまで行動するのは面倒くさいと考える人もいるでしょう。それも自然なことです。

どの制度においても運営上で大切にしているのは、**ネガティブで主体性を発揮した経験が少ない人でも、参加しやすい制度を用意すること**。それぞれの価値観とペースで経験を積み上げていけばいいと思っています。

会社を変革し、メンバーの意識を変えようとするときに、多くの人はすぐに結果を出そうとしがちです。でも僕は、人の成長や変化には時間がかかるのが自然だと考えていました。僕たちは寝て起きたら、いきなりすごい人になれるわけではありません。

「練習」「鍛錬」といった言葉でもわかるように、人は経験とそこからの気づきによって練られ、成長していきます。だから、**目標に向かって最短最速で結果を出そうとすることは、「人の成長」という側面から見れば不自然なこと**。それよりも、**個々それぞれが必要とする経験を積み上げ、練り上げるための時間をどうするか？**　をデザインするのが経営だと考えています。

成長の速度は人それぞれ。**すべての草木が同じ速さで育つわけではない**のと同じです。でも、長い時間が経てば、そこには立派な森が形成されます。それがいい組織なのだと思います。

実際、時間が経つにつれて、徐々に主体的に行動を始める人が増え、3年目あたりにはほとんどのメンバーがそれぞれのペースで取り組むようになりました。

この方法は目に見える効果が出てくるまで時間がかかりますが、価値観や文化を醸成できたとき、その効果は深く、長く続きます。一時的な対処法とは異なり、持続的な成果を生むのです。

グッジョブポイント制度から生まれた「みんなのありがとう交換制度」

このグッジョブポイント制度は、主体性や成長支援、リーダーシップを育てるものですが、軌道に乗せていく中で、2016年にメンバーから提案が出てきました。

「リーダーから『グッジョブ』と言われるのはわかった。でも、僕たちは日頃、同僚と仕事をしているので、同僚同士でグッジョブポイントを交換したい」と言うのです。

その気持ちは素晴らしいと思いましたが、100人のメンバーが横にポイントを交換し合ったら、予算管理や運用が複雑すぎて良い制度にはならないように思いました。

「ちょっと考えるから待ってくれる?」と言ったところ、メンバーたちは「だったらみんなに『ありがとう』と言ってメッセージを送り合ってもいいですか?」と言います。

以前の職場では考えられない素敵な提案でした。それに賛成したついでに、経済的なメリットもあったほうがいいかなと思ったので、「1年間で3776件、つまり富士山の高さを超えたら一人ずつにお金を出すよ」と申し出ました。

すると、1年目で2279件、2年目には5936件、3年目には1万6800件を突破したのです。

3年目を終えてみて、メンバー一人ひとりのありがとうの交換に金銭的報酬を与えている僕の考え方こそが、浅はかで人の本質的な理解に欠け、間違っていると感じるようになりました。これこそプライスレスでなければならない、そう気づいたのです。

そこで、「みんなが『ありがとう』と書いていることに報酬を設けているのは本質的に間違っているからやめる」と言いました。すると、その年の件数は年間2万2000件を超えました。今では3万件を超える年もあります。

当時、このデータを見た外部の方がびっくりされていましたが、それもわかります。１日当たりで割るとおよそ１００件、メンバー一人につき1件の「ありがとう」が社内ＳＮＳで毎日飛び交っている計算になるわけですから。

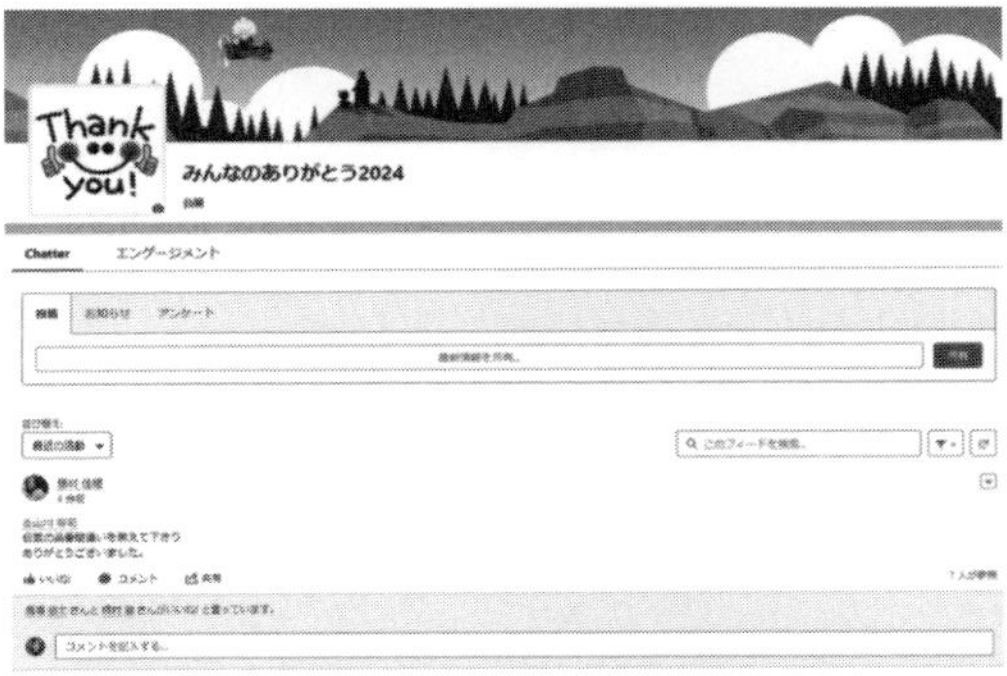

一般の会社では考えられないかもしれません。

ちなみに、**僕は「みんなのありがとう」をすべて読んでいるので、メンバーがどんなお客さまのどんな仕事をし、何に苦労し、どんなふうに誰と助け合っているのか、そして、一人ひとりがどんな感性を持って仕事に取り組んでいるのかをリアルタイムで知ることができます。**

もっと言えば、先日までずっと「ありがとう」と書いていたメンバーがしばらく書き込みをしていないということも含めて、さまざまな動きが読み取れるのです。

このことも、「みんなのありがとう交換制度」に代表されるリアルタイムコミュニケーションを導入したことの副産物でした。

他人が「やらないこと」に対して批判しない

うちのメンバーたちの素敵なところは、これまで紹介した取り組みや制度に対して、他人が参加しないことを批判しないという点です。

やるもやらぬも、本人の自由。良い意味で他人の動向にフォーカスしないのです。この一人ひとりの多様性を担保している点も、結果的に僕たちが強く成長し続けている要因の一つだと思っています。

ただし、前述の「みんなのありがとう交換制度」では、例外がありました。普段はまったく書かない70歳を過ぎたベテランメンバーが、初めてコメントを書いたときには社内が大いに盛り上がったのです。これは、良い意味でのフォーカスでした。

ところで、こうした社内のリアルタイムコミュニケーションが盛り上がる陰で、僕は、それまで月一回、社内報として自分が書いていたコラムを2021年にひっそりと終了させました。これも自分の中では印象深いことでしたので記しておきますが、第二創業宣言をした頃、コラムをアップすると、全メンバーから「いいね」が付いていたのです。

しかし、近年では60件ほどしか付いていなかった。つまり、半数が読んでいなかったわけです。

それも当然であって、現場レベルではリアルタイムの生き生きとしたやり取りが数多く飛び交っているのに、月一度のタイミングでアップされる社長のコラムに、メンバーたちが同じ画面上で気づくのは至難の業《わざ》です。

僕ががんばって発信しなくても、彼らが日々健康的に仕事をするためのメッセージは自分たちで発信し合いリアルタイムでシェアしているのですから、そちらのほうがいい。そう思いました。

みんなが成長したことで、組織への情報の発信の仕方や、コミュニケーションのとり方を変えていく時期だったのです。

chapter 1

自分たちで環境を変える「i-デアスパイラル（アイデア提案活動）」

自宅であろうと、職場であろうと、大事なことは自分がそこに居て心地よいことです。

そして、自分が変えていける環境は、より愛着が湧くし、責任感も出てきますよね。

もっと言えば、自分では何も環境を変えられず、どうしたいかを選べないというのは、その場で過ごす相手を子ども扱いしていることと同じでしょう。

だから僕たちは、大切な職場環境を、自分たちの提案によってより良く変え続けています。

それが「i-デアスパイラル（アイデア提案活動）」です。

この活動は、**「誰が何を提案してもいい」をコンセプトに、お客さまのために、同僚のために自分たちが働きやすい良質な環境をつくるための気づきや工夫を募る**ものです。

身の回りのちょっとした改善案から、経営の考え方を改める革新的なレベルの提案まで、ここからは多くの気づきと成果が生まれています。

これに参加するためのハードルは低く、何かを提案すると「その内容に関係なく」、1アイデアにつき1点のグッジョブポイント（500円）が付与されます（2024年からは2点に変更）。

「内容に関係なく」としたのは、一人ひとりの視点や価値観、気づきを大切にしたいからです。みんなで多くの数を出したほうが、結果的に質が高まると考えています。

メンバーが提案したものは、その内容によって社内の各種会議に振り分けられ、1カ月以内に結論が出されます。通常は提案の3分の2以上が承認されており、決まったら即実行です。必要があれば、どんどん修正もしていきます。

当初掲げた目標数は、**「10年で5000件、会社を変えよう」**というものでした。とはいえ、グッジョブポイント制度と同じように、強制は一切していません。活動に対するスタンスも人それぞれ自由です。

積極的にアイデアを出して変えていこうとする人もいますし、逆に、決まったことを丁寧にフォローしたり、実行したりする人もいます。また書面で出すのを面倒がって自分の周りで勝手に改善し続けている人もいます。

後者のタイプには、「アイデアを出してくれたら、みんなにも共有できるし、グッジョブポイントももらえるよ」と話すのですが、本人は「いいえ、大丈夫です」と、自分が評価されることにはあまり興味を示しません。まぁ、それもOKです。繰り返しますが、参加の仕方や歩むペースは、それぞれの意思で決めていいのです。

提案数は10年間で5900件超え

図表3は、10年間の取り組みを集計しまとめたものです。

これを見ると、正式にスタートした年から徐々に提案を積み重ねてきたことがわかります。時間をかけながら変わっていくのです。

3年目になると、もちろん個々の提案数にバラつきはありますが、全員が同じ方向を向き始めたことに手ごたえを感じていました。

なお、10年間で5000件を目標に始めたこの活動ですが、実際にはもう達成してしまったので、その後、「2030年までに8848件（エベレスト級）」と上方修正しました。

しかも、これは正式な提案数であり、提案が「面倒だから」という理由で、書面で提出

図表3　iデアスパイラル(アイデア提案活動)の推移

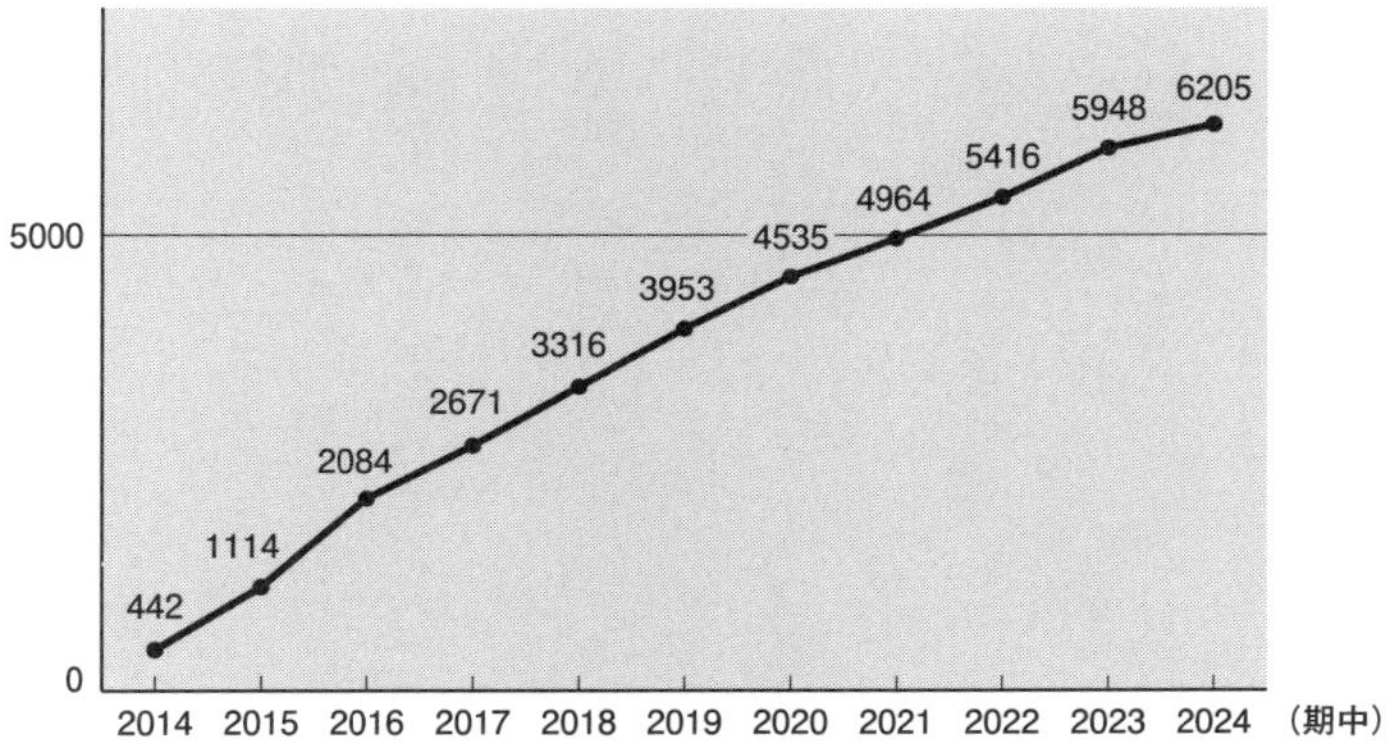

iデアスパイラル累計
適用範囲別

自部署	3,902
部署間	942
全社	1,399
合計	6,243

iデアスパイラル累計
区分別

整理整頓	1,139
清掃	457
仕組	1,770
ルール	1,205
顧客価値	145
その他	1,527
合計	6,243

するまでもなく現場レベルで改善されてしまったものもありますから、実際にはもっと多くの数に取り組んでいることになります。

メンバーたちは、その数だけ、自ら会社（環境）を変えてきたのです。

密かに用意していた「100の改善リスト」も不要に

第二創業宣言から2年間かけてつくった「i Standard」（現在は「We Standard」へ変更）は、自分たちが大切にする価値観と、それをどう実現させて働くかをまとめた方針書であり、ルールブックのようなものです。いわば、一人ひとりが判断をするためのガイドブックです。

そして、このルールも職場環境に含まれますから、「.iデアスパイラル（アイデア提案活動）」を通じてどんどん変えていきました。

最初のものからは、2〜3割をみんなで修正しています。

当初、経営者としてメンバーが喜び、幸せになると思うルールや指針をつくったつもりでしたが、メンバーから見ると、「いや、そうじゃない。こっちですよね?」ということが出てきました。経営者とメンバーでは視点が違って当然ですから、そのギャップを調整しながら、メンバーが自分たちでルールを変え続けているのです。

ところで、僕はiデアスパイラルを続ける一方で、実は、経営者の目線から「会社としてはこう変えたほうがいいよな」と思う改善案を100個ほど密かにリストアップしていました。

僕自身が考える経営改善リストと、メンバーが気づき、考える改善リストのどこが同じで何が違うのかを把握したかったからです。万が一にも、良い提案が出てこなかったときのための「保険」のつもりでもありました。

しかし、結果的にそんな保険は必要ありませんでした。その後、メンバーたちからの提案が増えていくにつれ、僕のリストはどんどん消されていったからです。提案が5000超ともなると、100のリストなどもう跡形もなくなりました。**僕が一人で気づき、考えることくらい、メンバーたちもリストアップできる**ということです。

それどころか、僕が気づかなかった提案が次々と出てくるので、「マル秘リスト」をつくっていたことが経営者としての視点の少なさを表しているようで、恥ずかしくなったほ

図表4　iデアスパイラル（アイデア提案活動）の例

タイトル	区分	適用範囲
社内SNSのグループ「セールスサポート」の変更	仕組	部署間（M・AM責任）
服装の補助について	ルール	全社（社長責任）
現場用机と椅子の購入	その他	自部署（所属長責任）
楽楽精算レシートに支払方法を記入する	ルール	自部署（所属長責任）
使用済み切手の保管について	その他	部署間（M・AM責任）
朝礼時にいちご狩りの予約状況や予約分パック数をアナウンスする	ルール	自部署（所属長責任）
カタログの手配について	その他	自部署（所属長責任）
ハンドマグネットの購入	その他	自部署（所属長責任）
各チーム会議について	仕組	部署間（M・AM責任）
減価償却処理の名称変更	仕組	自部署（所属長責任）
FAX送付について	仕組	自部署（所属長責任）
価格表の共有方法	仕組	全社（社長責任）
本社ゴミ箱更新について	清掃	部署間（M・AM責任）
在庫発注検討表データ保存について	ルール	自部署（所属長責任）
専用請求書に使用する判子について	その他	自部署（所属長責任）
駐車場の入口ライン（石坪様横）	仕組	部署間（M・AM責任）
レターパックの運用	仕組	自部署（所属長責任）
A単価設定について	顧客価値	部署間（M・AM責任）
パイプ置き場	仕組	自部署（所属長責任）
現場用脚立の追加	その他	自部署（所属長責任）
いちご狩りネット予約について	仕組	自部署（所属長責任）

どでした。

こうした事実が、この制度を始めたことの何よりも素晴らしい収穫です。

総括すれば、一つひとつの提案に対して、グッジョブポイントおよび「経営判断」という形で答え続けてきたことで、経営者とメンバーとの対話を生み、その結果、メンバー一人ひとりの主体性や判断基準や価値観が少しずつ、そして飛躍的に育っていったのです。

もし、僕が**経営者として一方的にメッセージをメンバーへ発信し続けるだけだったならば、お互いに対する理解も、これらの変化も、今の成熟度にまでは達していなかった**と思います。

chapter 1
取り組みや制度を定着させる工夫

最初は経営者がリードして「やってみせる」

せっかく新しい取り組みや制度を始めても、それらが定着しないケースはよくありますよね。上手く定着させるには、導入・運用する側の工夫も必要になります。

たとえば、最もわかりやすい例は、朝礼で行っているガッツポーズでしょう。

「ウキウキ、ワクワク、チャンスです！」

うちの会社では、こんなセリフを言いながら、いい歳のおじさんたちがガッツポーズをしています。

後述しますが、これはトップアスリートたちが脳に勝ちグセをつけるために実践している「ナンバーワン理論」というものを活用した取り組みです。

これを導入するにあたって、最初は僕のほうから「やってみようよ」と言いました。なぜそれをやらないといけないかという理屈は説明しましたが、やはり照れくさいこともあって、当初、メンバーたちには「やらされ感」が満載でした。

そこに関しては、メンバーの主体性はありません。「決まったことなので仕方ないな」という感じです。

ところが、その後、「ハイアクション（ポーズやセリフ）は自分たちの好きにしていいよ」と言ったら、自分たちで考えるチームが現れました。セリフを言いながらハイタッチをしている部署もあれば、握手に変えたり、セリフ自体を変えたりし始めたのです。

この例からわかるのは、**「主体性の発揮の仕方は、人や組織の成熟度によって変わる」**ということです。

ガッツポーズを始めた当時は、メンバーの主体性がまったくありませんでした。そうした状態では、「自由にやっていい」と言われても何をしていいかわかりませんから、リーダーがある程度、具体的な指示を出す必要があります。

しかし、**いったん自分たちの足で歩き始めると、みんなに伝えるのは方向性だけで十分**になります。制度は用意してあるので、あとは自主性に任せればいい。

このタイミングを間違えると、どんなに素晴らしい制度であっても、上手くいきません。

行動が起こしやすくなる「ナンバーワン理論」

ちなみに、前述した「ナンバーワン理論」というのは、日本のイメージトレーニングのパイオニアである西田文郎《ふみお》さんが唱えている理論です。

要は、脳に勝ちグセをつけるための取り組みです。

これを取り入れた理由は、うちのメンバーたちを見ていて、**能力は十分あるのに自信がなく勝ちグセがない**と思ったからでした。

勝ちグセがないというか、そもそもやっている量が十分ではないのです。

野球にたとえると、バッターボックスに立つ機会が少ないから結果も出ない。結果が出ないから自信がつかない。試合に参加する喜びも悔しさもない……という悪循環に陥っているように感じていました。

でも、自分の人生は自分が主役でしょう？　主役ということは、バッターボックスに立つ機会を楽しんだり、より多くの機会に挑戦して、打ってみるということだと思います。その結果は、三振でもヒットでも何でもいいと思います。

そんな経験の先に人生の豊かさは生まれると思っているので、少しでも行動は起こしたほうがいいと思います。

本人がまだ行動を起こす状態ではないのに「やっていいよ（＝やりなさい）」と強制されてもストレスでしかありませんが、いずれどこかのタイミングで、その人が自分らしく行動していく必要があるのは確かです。

そのときに、ナンバーワン理論が活用できるのです。

ネガティブになっている脳は、「やってもどうせダメだよ」とか、「そんなことをしても意味がない」などと、自分の行動を抑制しようとします。そこで、ガッツポーズや「ウキウキ、ワクワク」のような**プラスの言葉や身体的動作によって脳をポジティブに騙していく**わけです。

この理論のことをメンバーたちに話したとき、みんなは、「社長が面倒くさいことを言っているな。第二創業宣言をして何か変えようとしているんだろう。しょうがないな……」くらいの感覚だったと思います。

でも、それから10年経って、みんなの行動はまったく変わりました。

正直、この理論がどれだけ奏功しているのかはわかりませんが、傍《はた》から見ていて、**経験の量と自信獲得が相関している**のは間違いありません。

経営者の失敗を見せて変化へのハードルを下げる

「グッジョブポイント制度」や「iデアスパイラル（アイデア提案活動）」などのように、**自分たちで会社を変えていくカルチャーを醸成するために、他にもいろいろ仕掛けをしました。**

たとえば、「これはいずれ絶対に変えないとダメだな」と思うことも、敢えてそのままスタートしたり、上手くいく可能性が低いとわかっていることであっても、僕自身が決定して「GO」したり、といったこともそうです。

これは、メンバーたちから改善策が出てくるだろうと期待してのことでした。

案の定、しばらくするとiデアスパイラルを通じて、「社長のあの決定はこうしたほうがいいと思う」という提案が出てきます。そうしたら、僕は「そうやな」と同意します。

メンバーから適切な指摘が出て、社長がそれを受け入れる――というプロセスを敢えて踏むのです。

この一連のやり取りを通じて、メンバーたちは、次のようなことを一遍に経験します。

①社長だって常に正しい判断をしていないという認識
②社長が決めたことでも悪ければ変えていいという判断
③自分が提案したことで組織が変わったという自信

もっとも、本当に良いことをやろうとして間違うこともあったのですが……。それはそれで、**社長だけあてにしてもダメだという認識が生まれ、「自分たちがやらなきゃ！」という主体性の発揮につながった**と思います。

chapter 1

メンバーが教えてくれた「幸せの気づき」

協力会社も一緒に幸せになるにはどうすればよいか

第二創業宣言をして以来、「一人ひとりの主体的な気づきや実感」を大事にしてきたわけですが、「ああ、自分はこういう経営をしたかったんだな」と改めて気づかされ、感動したことが何度かあります。

本章のまとめとして、二つのエピソードを記しておきたいと思います。

一つ目は、ある幹部メンバーが経営会議で提案した「アライアンス先への支払い条件の改善案」です。

「アライアンス先を大切にするというのであれば、支払い条件を20日締め、月末に現金払いにしましょう」

幹部メンバーからこの提案を聞かされたときに、僕は思わず「えっ？」と反応してしまいました。お世話になっている協力会社には申し訳ないけれど、翌月に手形で払うか、よくても20日締めの翌月20日の現金払いが精一杯だと思っていたからです。

しかし、彼はこう言うのです。

「みんなが幸せというのは、つまり、こういうことですよね？」

まさしく彼の言う通りでした。

とはいえ、会社にはまだまだお金がなかった時代ですから、その場にいた経理担当者は難しい顔をしています。

「う〜ん。それはヤバいです。できれば手形で払いたいのが現状です」

でも、僕たちは彼の提案によって気づいてしまいました。気づいたらやるしかありません。ただ、さすがに翌月からは無理だったので、２カ月ほどかけて資金ショートしないかをチェックし、ぎりぎり大丈夫だと確認してから実行しました。ちょうど次の期が始まるところでしたから、そこに合わせた感じです。

この件については、僕が一本取られました。**幹部メンバーが指摘する通り、アライアンス先が幸せでないのなら、自分たちも幸せにはなれません。**

その違和感を幹部メンバーが「みんな幸せ」の観点から指摘してくれたのはすごいことだし、素晴らしい気づきと感性を持つ仲間がいてくれたことを嬉しく、頼もしく思いました。

「いつの日か」ではなく「毎日」幸せに働く

二つ目は、会社のフィロソフィーに関する、メンバーたちからの提案です。

第二創業宣言の際に決めた経営目的（パーパス）「i standard Philosophy（現在はWe The Philosophy）」において、当初、「一人ひとりが幸せな会社をつくる」という表現を使っていました。

すると、3年目くらいに、メンバーたちからこんな声が上がってきたのです。

メンバー「大輔さんの言っている《幸せ》って、《今》のことですよね？ これって《毎日》のことですよね？」

私「そうだよ。なんで？」

メンバー「いや、幸せというのは時間軸があるじゃないですか？」
私「ん？」
メンバー「《幸せになる》という話だと、《今はまだ幸せじゃない》ということになるけれど、僕たちがやっているのは《今の幸せ》の話ですよね？」
私「そうそう。だって今を大切にしたい。僕らの人生は今の連続でしかないんだから」
メンバー「じゃあ、《今が幸せ》って書きましょうよ」

これも「なるほど！」と思いました。僕はそのことに気づいているようで気づいていなかったのです。

自分の中では、幸せとは「今の幸せ」のことを指すのが当たり前でした。たとえば、「5年後に幸せになるためにがんばろう」という考え方は、僕の中にはありません。それだと、その間に他人同士が人生を共にしている今を疎《おろそ》かにすることになるからです。

リーダーがあくまでも5年後の幸せにしかフォーカスしないならば、その行為はメンバーの人生を預かっていることに対して誠実さを欠くものであり、他人の人生に対する敬意や理解が足りていないことだとさえ思っていました。

しかし、メンバーにはそこが伝わっていなかったのです。かつ、各自の定義にバラつきがありました。人によっては1年後、2年後の話だったのが、幸せに働くことを考えていく中で、徐々に《今の幸せ》にみんなのフォーカスが集まってきたのでしょう。「今が幸せじゃないと意味がないんだ！」と。

こうしたメンバーたちからの提案で、「We The Philosophy」には、【毎日幸せ】という文言を入れることになりました。

しかも、メンバーたちはこう言ったのです。

「そこに【毎日ちゃんと】という言葉を入れませんか」

僕は、「いやあ、めちゃコミットするなぁ。素敵だけど……」、なんて笑いながら、最終的に「We The Philosophy」はこういう表現に変えました。

【私達は、毎日がちゃんと幸せで、成長するいい会社を創ります】

これは僕たちにとって、第二創業宣言以降3年目の大きな気づきであり、精神的な部分で大きな成果でした。

主な取り組み例

✦ スパイラルチャレンジ

メンバーの一人ひとりが期首にテーマを決めて目標を立てます。その結果を本人、リーダー、人事考課のメンバーが評価をしていきます（他者比較、相対比較評価をせず一人ひとりを絶対評価することに重点を置いています）。

✦ 特別プロジェクトを立ち上げる「ハンズアップスピリッツ」

社内で期間限定のプロジェクトを立ち上げるときに、企画および役職者、メンバーを立候補（他薦）で決める仕組みです。

これまでに「働きがい創出委員会」「新卒採用プロジェクト」「i-Labo プロジェクト」「ソリューションブランド構築プロジェクト」などが生まれています。上手くやれそうな人を指名して取り組むことで生まれる成果よりも、やりたいと思う人たちのエネ

「新卒採用プロジェクト」による採用イベントの様子。この時には、「自由闊達に躍動する優しい“羊”カンパニー」というテーマで会社を紹介。羊の帽子をかぶって和ませる演出も、メンバーが自発的に発案

ルギーから生まれる物事を大切にすることに重点を置いています。

✦ 社内ＳＮＳの活用

社内ＳＮＳを情報共有の場として活用しています。

いくつかのグループがあり、たとえば「受注の泉」であれば、「こんな仕事を受注できました」といった書き込みがなされます。

また、「リサーチの泉」であれば、「町内会の会合でこんな情報を耳にしました」とか「少年野球の相手チームの監督さんが電気関係の会社の方で、次は仕事のことで会うことになりました」といったような、それぞれが新しいことに出合った情報を共有していきます（「リサーチの泉」はオフの時間も仕事モードでという思いはまったくなく、日頃耳にすることと、お会いする方との縁を大切にしていこうという取り組みです）。

図表5　社内SNSグループの一例

グループ名称	参加メンバー	内容
DAISUKEの視線	全員	社長がみんなと共有したいと思ったこと、感じたこと、気づいたことをシェア
みんなのありがとう2024	全員	2024年4月21日～2025年4月20日のありがとう
今日が誕生日	全員	今日が誕生日のメンバー共有
社内報のお知らせ	全員	社内報更新のお知らせ
受注の泉	全員	お客さまからの受注内容、金額、粗利額、粗利率を共有
リサーチの泉	全員	リサーチレポート。自分の足で動き、出会い、リアルにゲットした情報の共有
みんなの気づき	全員	気づきの報告共有（研修報告）
クレーム・ミス報告書通知	全員	クレーム・ミス報告書申請内容の共有
アカデミー運営局	全員	Weアカデミー、リーダーズアカデミー、チューターズアカデミーの情報を発信
We Team Club	全員	We Team Clubの各活動募集、報告
全社メンバーへの連絡	全員	全員が共有しておく連絡・情報共有
☆新規受注☆の泉	全員	新規のお客さまの初回受注の投稿専用のChatterグループ
みんなの知恵	全員	成功体験、失敗体験を投稿することで知識、知恵、ノウハウの共有をめざす
みんなの質問	全員	会社メンバーに何か聞きたい時に使用する
ものづくりワールド関西（2024）	プロジェクトメンバー	展示会参加メンバーの連絡・情報共有
One Team	技術メンバー	仕事を共有してお互いに学びや成長する機会を創っていく&助け合うためのグループ
行事予定・来客予定	本社メンバー	翌日の本社の行事予定・来客予定をお知らせ
リーダーズボード（役職者連絡ボード）	役職者	役職者専用の連絡・相談・情報共有

第2章

毎日ちゃんと幸せに働ける組織づくり

マニュアル化・統一化をやめてわかったこと

chapter 2

大切な土台となる「成長エンジン・4原則」

この章では、僕たちが運用している取り組みや制度を、どのような意図で、どう設計したか――という経営の土台となる思想についてご説明したいと思います。

最初からすべてを計算してつくり上げたわけではありませんが、「毎日がちゃんと幸せで、成長するいい会社を創る」という目的の下《もと》、自分たちが今持っているものの中で考え、自分たちができることを選んできました。それでも良い結果が出ているということは、やはりそれが自分たちに合ったやり方だったのです。

このやり方が、必ずしもすべての会社に当てはまるというわけではないと思いますが、もし皆さんの会社で参考になるところがあれば、ぜひ取り入れていただければと思っています。

うちの会社には、「ＩＮＯＵＥの成長エンジン」と呼んでいる「４つの原則的価値観」

があります。

これは、会社をメンバー全員とつくっていく上で外せない、価値観・判断基準の土台です。

①支援型リーダーシップ

管理監督業務を社内から減らし、主体的に動こうとするメンバーを支援するリーダーシップのことです。要するに、考える人と実行する人を極力分けない。リーダーはメンバーを牽引するのでもなく、フォローに徹するのでもなく、一緒に歩き、伴走することで応援していくリーダーシップです。

②個の尊重

メンバー一人ひとりが自身の命の価値、可能性に気づき、自己を信頼する、尊重する強さを獲得することです。

③相互支援

自己を尊重するメンバー同士がお互いを尊重し合い、助け合い、優しさを発揮すること

図表6　根幹となっている「4つの原則的価値観」

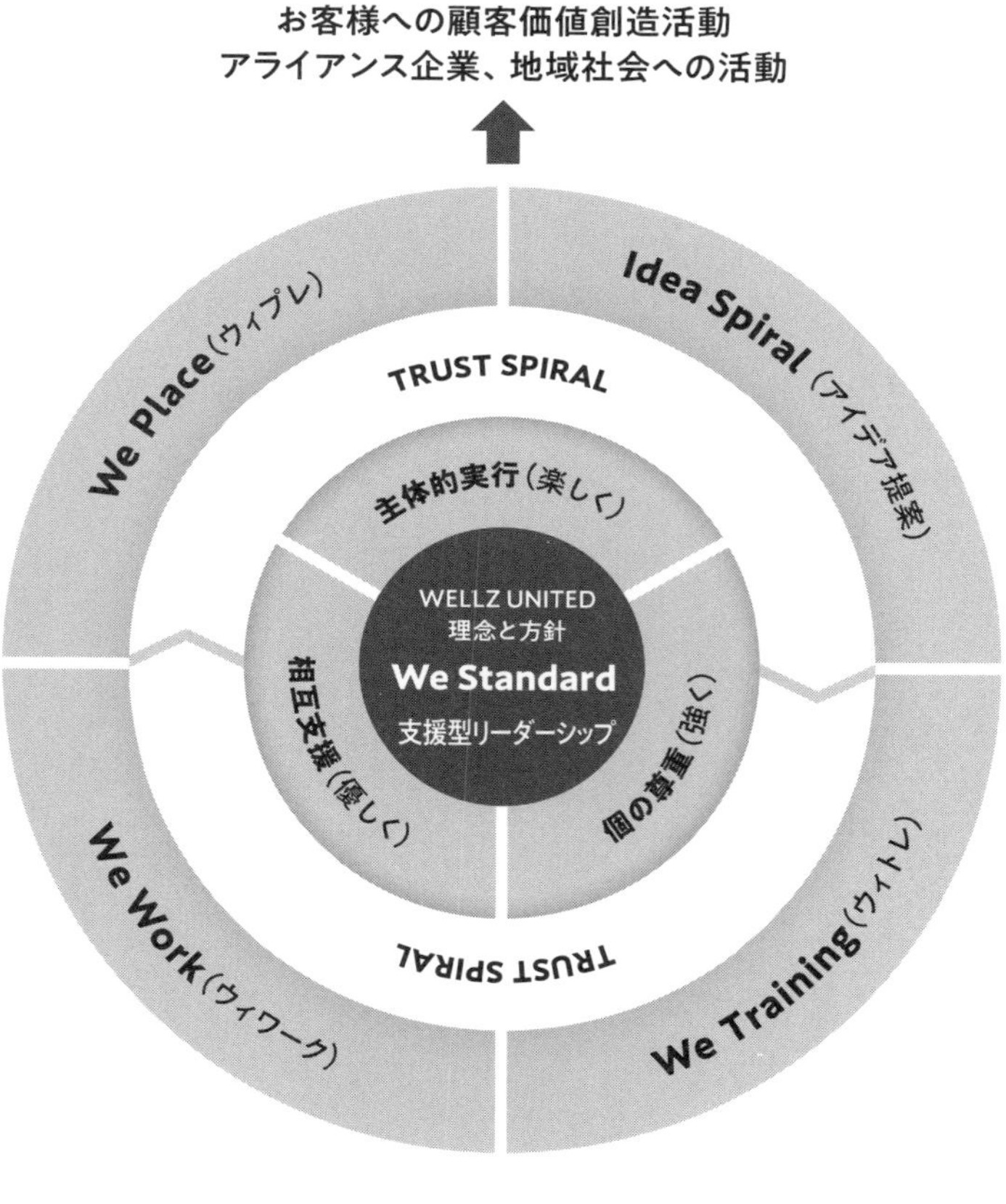

です。

④主体的実行

自己を尊重し、お互いを助け合いながらチーム・組織を信頼して主体的に楽しく行動することです。要するに、自分の身に降りかかるさまざまな事象に対して、受け身でも他責でもなく、主体的に解釈する力を育てることです。

これら「4つの原則的価値観」に基づいて、第1章でご紹介したような社内制度を設計しました。そこに**会社の有する資源を投入し、例外をつくらないようにすることで、お客さまや地域社会、アライアンス関係者への組織活動を高めていこう**と決めたのです。

なお、この4原則は、以降でもさまざまな角度や視点から論じられていきます。

幸せに働くための指針「9マスのマトリクス」

変わらない土台を決めたら、次は具体的な環境づくりや制度・取り組みの設計をどうするかという話になります。

何か新しいことを導入するときには、**一度決めた価値観の軸がブレていないかを確認できる指針**をつくっています。

それが、図表7にある**「9マスのマトリクス」**です。**縦の3マスが組織レベルの要素を、そして、横の3マスが個人レベルの要素**を表しています。

会社におけるすべてのこと（経営判断、各種制度や取り組み、一人ひとりの行動など）を、この「3×3＝9」のマトリクスの中に収まるように設計し、例外をつくらないようにしています。

これに基づいて、「この制度は相互支援になっているか？」「相手を尊重し、成長を支援するものになっているか？」「このやり方で、主体性の発揮はできるだろうか？」といったことを、全員で考えていくのです。

もしそれらに対して違和感を持つことがあれば、誰かが改善策を提案して、例外なく一つひとつ改善していきます。

図表7　幸せに働くための「9マスのマトリクス」

		個人			
		①個の尊重（強く）	②相互支援（優しく）	③主体性発揮（楽しく）	
組織	A 環境づくり				A 環境づくり（価値観・信頼関係）
	B 成長支援				B 成長支援（日々のケア・やり方・制度）
	C リーダーシップ				C 支援型リーダーシップ（あなた・影響力の使い方）
		①個の尊重	②相互支援	③主体性発揮	

組織のあり方の3要素

「9マスのマトリクス」について、もう少し詳しく見ていきます。まずは縦軸にある「組織のあり方」に関する三つの要素です。

組織づくりにただ一つの正解はありませんが、僕は「環境づくり」「成長支援」「リーダーシップ」の組み合わせで考えています。

①環境づくり（価値観・信頼関係）

草木が、土壌や日光、気温など環境の影響を大きく受けるように、会社のメンバーも文化や価値観、共通基準などの職場環境に大きな影響を受けます。

この環境づくりは、会社の土台となるほど重要なものですから、一度つくったら時間をかけて（最低でも数年間）、時に手入れをしながら醸成させていきます。

②成長支援（日々のケア・やり方・制度）

会社でつくられる決まり事（制度）は、メンバー一人ひとりの幸せと成長を支援するものであることが大切です。

環境を「土や空気や日光」とするなら、制度は「添え木」にあたります。その植物が内包している可能性を活かして自力で伸びていくためのサポートとなるものです。ただし、それはあくまでも成長するための支援であって、型にはめる矯正（強制）ではありません。

制度に関しては、フィットしなければ毎年もしくは季節ごとに、その成長や変化を観察しながらどんどん見直していきます。

③支援型リーダーシップ（あなた・影響力の使い方）

僕たちが考えるリーダーシップとは、自分たちがつくっている環境や制度が、メンバーそれぞれに良い影響を与えているかどうかを注意深く常に観察し、必要に応じてメンバー個々のサポートをしていくことです。

要するに、もしマトリクスからはみ出しているものを見つけたときには、自分自身の行動も含めて例外をつくらずに一つひとつ修正していくのがリーダーの役割です。

だから幹部メンバー以下、社内のチームリーダーたちに対しては、こう話しています。

「結果を出すことだけじゃなく、一人ひとりの成長に関わることに積極的に関与していきましょう」と。

というのも、結果を出すだけなら、メンバーに強いストレスをかけ続ければ、短期的には何とかなってしまうこともあります。しかし、それでは会社に関わる人が幸せにはなれませんし、真に成長することもできません。

大切なのは、毎日の幸せと連続していく日々のプロセスだと思います。

もちろん、経営者や組織のリーダーが「あれをしなさい、これをしなさい」と指示を出して実行させる仕事が、そのメンバーの性格や特性、能力を考慮した内容であればまだいいのです。しかし、そうではなく、ただ一律に同じようにやらせるとなると、個別の人が受けるストレスへの配慮に欠けます。

短期的な目標を達成しても、メンバーの日々の幸せや、成長の可能性を犠牲にすることになりかねない。

一方、僕たちが行っている**支援型リーダーシップは、考える人と実行する人を極力分けない**ことをめざすものです。つまり、一人ひとりが考え、実行し、リーダーはそれをサポートします。

たとえば、若い営業メンバーを見ていると、先輩を真似したり、自分で本を読んだりと、いろいろ考えています。もちろんリーダーや先輩の意見にも耳を傾けますが、本質的には自主的に工夫しながらやっています。

時には「そのやり方ではないほうがよいのでは?」と思うこともありますが、僕らリーダーはそこですぐには指示を出しません。こちらが先回りして本人の失敗を避けるよりも、「やってみたら結果が出なかった」という経験のほうが、本人にもたらされる学びは大きいと考えるからです。

各個人にあるとよい3要素

次は横軸に並ぶ個人レベルの要素です。

これは、「個の尊重」「相互支援」「主体性発揮」の三つ。「主体性発揮」については先述しましたので、ここでは「個の尊重」と「相互支援」についてご説明します。

①**個の尊重**（強く）

メンバー一人ひとりが自身の命の価値、可能性に気づき、自分を大切にする力を身に付けることです。それは、自分への信頼にもつながっていきます。

もちろん、「相互支援」や「主体性発揮」とも密接に関係しています。

自分を大切にできない人が他人を大切にするのはすごく難しい。だから、毎日がちゃんと幸せであるためには、**まず自分自身を大切に扱うことからスタート**です。

でも、自分だけでそれをするのが難しい人もいます。たとえば、自己を尊重する気持ちが弱くなってしまっているメンバーに対しては、周りの人たちが「あなたはめちゃくちゃ素敵なんですよ」というメッセージを本人に伝えてあげることや、経験によって自己尊重を獲得できるような環境をつくっていくことが大切だと思います。

このような、**お互いが個人を大切にする（大切にされている）環境こそが、今さかんに言われている「心理的安全性のある組織」でもある**と思います。

②**相互支援**（優しく）

メンバー同士が自分を大切にしながら、お互いを尊重し助け合うことです。言い換えれば、**お互いの強さではなく、弱さでつながること**です。

普段の生活を考えても、家族や友人といった関係がお互いの強みだけで成り立っているわけではありませんよね。むしろ、お互いを認め合い、弱いところを補い合って生活しています。

それなのに、仕事の場でだけ強みでつながろうとするのは、とても不自然ですし、場合によっては難しいこともあると思います。

人は、**時間をかけながらお互いを知り合い、弱みを補完し合うことで本来の力を発揮し始める**のではないか、というのが僕のスタンスです。

制度や活動は、同時にいくつもの効果を生むように設計する

先ほど、会社で行われることのすべてが「9マスのマトリクス」に収まるように行っていると書きました。

制度や活動を導入するにあたっては、大切なことがもう一つあります。

それは、**ある一つの取り組みがこのマトリクスのマスの複数の範囲をカバーするもので**

なければいけないということです。

たとえば、グッジョブポイント制度であれば、「主体性を発揮するため」という目的だけではなく、そこに相互の助け合いが生まれたり、支援するリーダーシップが育まれたり……と複数の効果が生まれるように設計するのです。

なぜ、複数の効果を狙うのかといえば、それは経営効率を上げるためです。

組織の人が働く時間は1日に8時間です。その中で、あれもこれもと幸せや成長に必要なことをデザインしていったら、やることが多くなりすぎます。一つのアウトプットが複数の効果を生むようにしなければ、必ず効率が悪くなります。経営効率の悪さは必ず経営コストとなり経営を圧迫します。そのしわ寄せは必ず会社のステークホルダーに及びます。

ですから、一人ひとりの毎日の幸せや成長への取り組みが、長期的に見て経営コストになるようであれば、経営デザインを見直したり改善したりしていくのがいいと思います。

また、メンバーの立場になってみると、正直なところ、やる意味のある取り組みであっても「なんか面倒くさい」という気持ちが半分はあると思います。まったく触手が動かない取り組みもあるでしょう。

でも、「やろうかな」と思ってやっていることが、実は三つも四つもの効果をもたらすようにすれば、その効果は、個人差はあれど必ずその本人へもたらされます。

いずれにしても、組織の状態は会社によって違いますから、最初からたくさんのことはしなくてもいいと思います。

朝礼での取り組み一つとっても、簡単にできてしまう組織もあれば、逆に、難しい組織もあります。そこをよく観察して、できる取り組みから少しずつ、その効果が複数に波及するように導入するのがコツです。

chapter 2

コミュニケーションは「リアルタイム&オープンネス」が基本

「4つの原則的価値観」である「個の尊重」「相互支援」「主体性発揮」「支援型リーダーシップ」を実現していくためには、コミュニケーション環境をどのようにデザインするかがとても重要です。

もしコミュニケーションのデザインが上手くいかないと、すべてが絵に描いた餅となり、信頼性や実効性が失われ、前進する力もなくなってしまうからです。その意味では、環境を整えること以上に、コミュニケーションデザインが組織に与える影響は大きいと言えます。

そこで、うちの会社では、全員参加型のフラットで「リアルタイム&オープンネス」なコミュニケーション環境をつくり、実践しています。

ここでは、みんなが主体的に気づき、考え、実行することを促し、お互いを助け合う環境をめざしています。

僕は会社経営を「全員で行う登山」にたとえることが多いのですが、事故がなく、誰かを置いていくこともなく、途中経過も楽しみながら一歩一歩着実に頂上をめざしていく――。そんな登山（経営）をするためには、**日々の仕事の中で、お互いの状態を常に確認し合ったり、主体的に動くために必要な情報に簡単にアクセスできたりすることが大切**です。

リアルタイムでオープンなコミュニケーションが不可欠なのです。

「報連相」は、今の時代に合うやり方に変える

リアルタイムで発信し、シェアしていると、かつては仕事の基本とされてきた「上司への報連相」も、非常に無駄が多いとわかります。

上司との一対一のやり取りを、昔ながらの返信のタイムラグがある中で繰り返せば、ものすごく多くの時間がかかります。しかも、その間のやり取りは閉じられているので、他の人は何が起きているのか、決定のプロセスがどうなっているのかがわかりません。

その一方で、日常生活の中で（つまり会社の外では）、インスタグラムやXなどのＳＮＳ

を使い、情報をリアルタイムに投稿したり、シェアしたりしているわけです。何かシェアしたい情報があればどんどん拡散するし、逆に、困ったことがあれば数人から数万人のスケールの中で相談して、リアルタイムで回答をもらっています。

今や病気の相談なども、複数のドクターからすぐにメッセージをもらって、診断や治療方針について比較検討できる時代です。社会全体の情報の扱い方がそうなっているのだから、**会社の報連相も時代に合わせて変えていく必要がある**と思います。

もちろん、業種や会社の規模によって事情は違うので、従来のやり方を否定するつもりはありません。ただ、少なくとも、小さな規模の会社で、考える人と実行する人を極力分けないやり方を採用している場合には、昔ながらの報連相をする必要性は低いと思っています。

「管理チェック主義」は幸せを阻害する

「私は社員を信用しないところから始めていたようですね……」

これは、僕が某研修会でお話しした際、ある経営者がもらされた言葉です。とても印象的だったので憶えているのですが、その研修会に限らず、僕の話を聞いた参加者の皆さんの反応を見ると、「信頼マネジメント」への関心が高いことを感じます。

つまり、「メンバーを信用するところから始めたらこのようにできました」という話題です。同じ経営者として、その気持ちはよくわかります。

今でこそ管理部を廃止していますが、最初からこれができていたわけではありません。以前は、何が適切な業務なのかをメンバーにはっきりと示したり教えたりせずに、管理することで適正化を図ったり、教育したつもりになっていました。

しかし、まだ社内で「仕事の基準」ができていないときに自由にさせてしまったら、無駄も多くコストも重なり、会社の再建は上手くいかなかったでしょう。前述のように、社内の取り組みは組織の質や成熟度によって変える必要がありますから、最初の1～2年は管理を徹底しないといけない組織もあると思います。

ただ、今になって自分の経験から思うのは、信頼マネジメントは、本気でやろうと思えば多くの会社でできるということです。みんな自分の中に「人を信用する力、される力」を持っているからです。

一方で、人の心の中には疑う力もありますが、こちらを優先して使うと、すべてが「サボるかもしれない、不正をするかもしれない、だから○○をしてはいけない。マニュアルを守らなくてはいけない」という発想になって、チェックが始まり、管理が始まり……となっていきます。

メンバーを厳しく管理する一方で、「人的資本経営」や「エンゲージメント向上」などといっても、それは机上の空論になってしまう可能性が高くなると思います。

経営のデザインを、「メンバーを信用する」ところから始めてみるのがいいと思います。

管理部を廃止して「チームサポート」を設置

信頼マネジメントを実行していくにあたって、会社の管理部の名称を「業務支援室」と変えました。今は「チーム○○*サポート」（*経営、テクニカル、セールス）という体制になっています。

会社の部署名から「管理」という冠を消したのは、**信頼マネジメントに必要なのは、支援と情報のオープンさと学習であって、管理ではない**と気づいたからです。

たとえば、社内ワークフローなどでメンバーが提出した書類に誤字脱字があっても、本人には突き返さず、チームサポートのメンバーが直せるところは直しています。管理ではなく、サポートが仕事です。

実は、会社の中でこういうルールになったのには、きっかけがありました。あるとき、以前の管理部が、メンバーの提出してきた書類の不備に気づき、悪気なく差し戻したことがあったのです。「これ、間違っていますよ」と。

そこで、僕は差し戻したメンバーとこんな話をしました。

私「間違いを正してあげることが自分たちの仕事だと思っていたら、それは違うよ。あなたは毎日その書類を見ているから間違いにも気づくけれど、みんなは自分の仕事をして、見積もりも取り、あれもやり、これもやる中で社内申請もあって急いで書いて送っているのだから、間違えても仕方ないと思う。間違えたところを自分が直してあげたらいいのでは？」

メンバー「勝手に直してもいいんですか？」

図表8　株式会社 WELLZ UNITED　グループ組織図

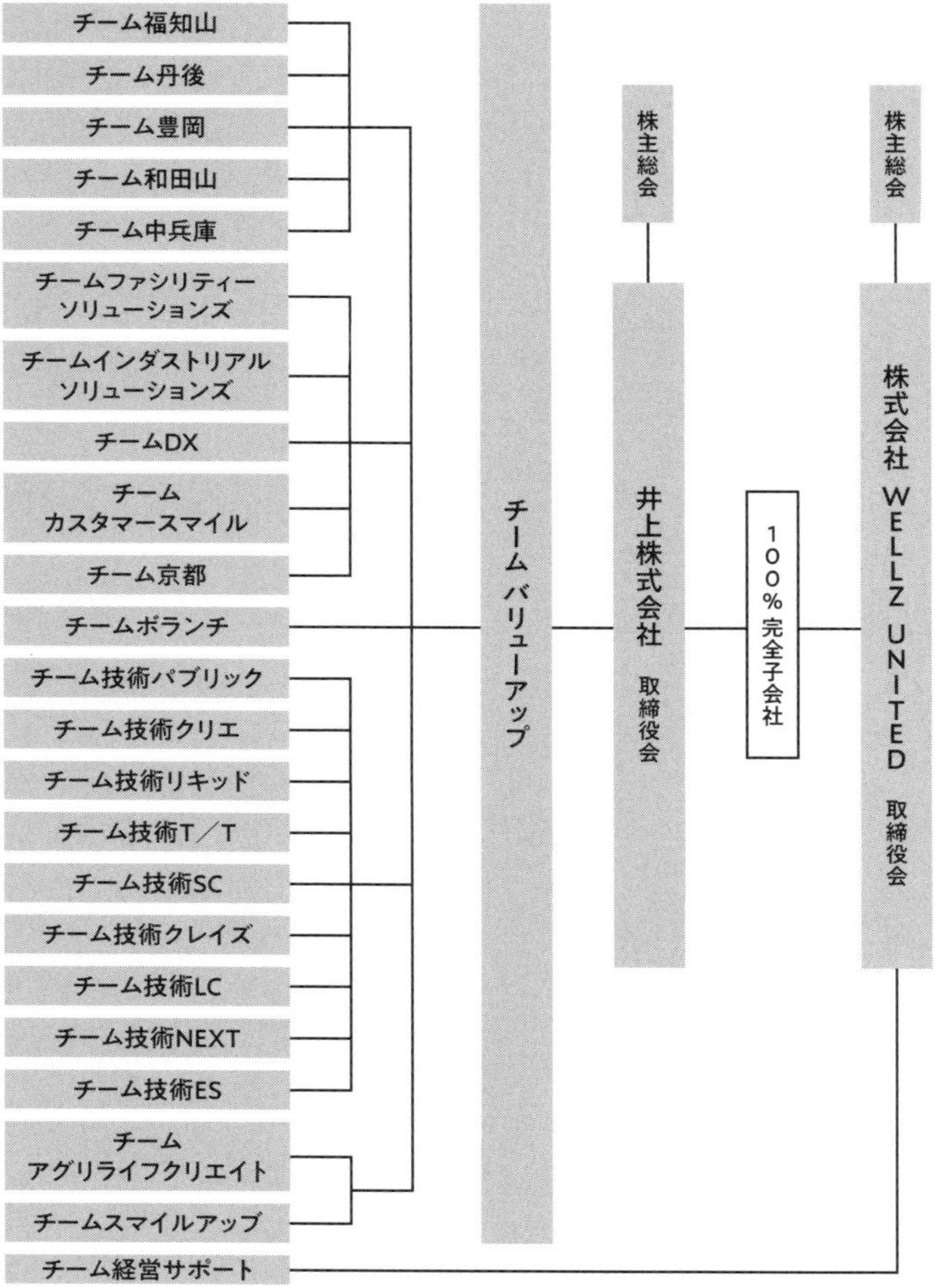

令和6年4月21日現在

私「本人は困らないし、もっと丁寧に直して、そのことを伝えてあげたら、『ありがとう』と言ってくるだけじゃないのかな」

メンバー「たしかに、そうですね」

私「突き返して、その返事を待っているよりも、自分で直して処理してしまったほうが早いよね。どうする？」

メンバー「じゃあ、サポートします」

それ以来、チームサポートが軽微な不備を理由に書類を突き返すことはありません。どうしても戻したほうがいいと考えるときには、事前に当人とコミュニケーションをとります。

このような積み重ねの結果、会社に助け合う土壌が生まれ、同時に業務効率は上がっていきました。

指示は「気づく機会と成功体験」を奪う

野球の試合を見ていると、一球一球、すべてに監督からサインが出ていて、選手はその指示通りに動いているチームがあります。その一方で、監督は大まかな方向性だけ指示を出して、細かい局面は選手たちの判断に任せるようなチームもあります。

管理して指示するか、あるいは、信じて任せて支援をしていくか——。

実は、短期的に勝つだけなら、どちらを選ぼうが結果が出るときは出ます。そのときの選手たちの成熟度にもよりますし、チームの目標設定にもよるので、どちらがダメということはありません。

でも、もし僕が監督ならば後者を選びます。

目の前の試合に勝つことよりも、「どちらのやり方のほうが試合中に楽しかったか？どちらのやり方のほうが選手たちにより多くの気づきと経験がフィードバックされるか？」が重要だと考えるからです。

大切なのは結果よりも、試合中の経験です。そして、**その試合の後もずっと続く、一人**

ひとりの成長です。

仕事で言えば、「リーダーがメンバーを勝手にコーディネートし、その人が持っている能力を発揮させることで結果を出すアプローチ」は、たしかに結果は出しやすいでしょう。しかし、本人の主体性発揮の芽は摘まれ、経験からの気づきは弱くなる可能性があります。もしかしたら、楽しくないかもしれません。

一方で、「主体性を発揮してもらい、気づきと経験を得てもらうことで先々の成長に期待するアプローチ」は、短期的な勝率では分《ぶ》が悪いかもしれませんが、やっている本人にはワクワクと気づきあります。こちらのほうが「本人にとって意味ある経験」になるし、もし失敗したとしても成長の糧《かて》になり、長期的な勝率は本人が成長した分ジリジリと上がっていきます。

もちろん、メンバーの質や目線や、価値観がバラついている中で上手く結果が出ていないときは、トップダウンでやり方を教えてあげて、まずは結果を出したほうがいい場合もあります。主体性を発揮する会社づくりだけが常に良いわけではありません。

ただ、その場合でも、果たして、その日は、その人の人生の中で豊かな一日だったかどうかは疑ってみる視点は持っていてもいいと思います。

「気づく、考える、判断する、実行する」を分担しない

仕事においては、何もかも一人で全部やるよりも、みんなで仕事を分けたほうが効率はいいですよね。組織の生産性はあきらかに高くなります。

その一方で、**仕事を分けることによって、一人の人間の経験や能力の幅はとても狭くなってしまいます**。考えて動くという機会が削られることで、個人の成長が制限されてしまう側面があるのです。

僕たちは、メンバーそれぞれが主体性を発揮し、楽しく働くことを優先的に考え、それが一人ひとりの幸せや成長につながると思っているので、**仮に目の前の生産性は落ちても、できるだけ仕事を分けない**方向でやっています。

もちろん、組織ですから仕事を分けなければいけないことはあります。ただ、そのときも、**自分で気づく、自分で考える、自分で判断してみる、自分でやってみるという環境をできるだけ多くつくる**ようにしているのです。

支援型リーダーシップを採用しているのも同じ理由です。トップダウン型のやり方（たとえばリーダーが考えて指示を出し、部下はその指示通りに動く）だけを続けていると、本人が気づく機会と成果を生み出す豊かな体験を奪ってしまいます。

分担業務は働く人の専門性を伸ばすことにはつながるかもしれませんが、**人間が本来持っている力である「あれもできる。これもできる。ちょっとしたことに気づく、こんなことも考えられる」というマルチのスキルや創造力を伸ばすことのほうが、一人ひとりの成長や可能性について丁寧に扱えると考えています。**

そのためにも、分担させないことはとても大切だと思うのです。

chapter 2

全員をきれいに揃えない

僕は、メンバー一人ひとりを揃えません。揃えられないのではなく、敢えて揃えないのです。揃えずに、個々のバラつきを大切にしています。

なぜなら、人は本来、バラつきのある存在だからです。**身体的能力も、性格も、動機も、価値観もまったく同じ人はいませんよね。それなのに、あの手この手で揃えようとするのは、管理する側の都合**です。学校教育を見てもわかるように、そのほうが楽なのです。

たとえば、うちのメンバーに「みんなで45度のお辞儀をしよう」と言ったら、キチッとできるでしょう。でも、僕はそうしません。一人ひとりが自分で考えて、好きなようにお辞儀をすればいいと思っています。

もちろん、**組織として、チームとして揃えることが大切な局面もあります。安全や品質に関わることであれば基準をつくり、揃えなければいけません。**しかし、メンバーのマネジメントにおいて、「揃えるか、揃えないか」という二者択一だったら揃えなくていいと思います。

組織で事を成そうとする以上、大切にする価値観やめざす方向性などは共有する必要がありますが、一人ひとりの個性や感性の違いを大切にしたい。またお客さまに対して、同質的で画一的なサービスを提供していくことは、今の時代には価値がなくなりつつあると思います。

メンバーからの提案でマニュアルを廃止する

だから、僕たちは社内からマニュアルをどんどんなくしているんです。「その人その人の特徴を活かした仕事でいいよ」と。

僕たちが大切にしている「毎日ちゃんと幸せで、成長する」とはどういうことかを理解していれば、マニュアルがなくてもその人なりの適切な行動ができるはずですし、むしろそのほうがもっと主体的に、深い理解の下で、日々の仕事に取り組んでいく姿勢も生まれると思うのです。

もっとも、マニュアルをつくろうとした時期がありました。

メンバーたちは真面目なので、当初は一生懸命につくっていたのです。しかし、挨拶や服装など、働く上で本当に基礎的なマニュアルができたところで、メンバーたちのほうから「もうこれ以上はつくらなくてもいいのでは？」との提案が出てきました。

僕も、「そうだね、それ以上は要らないね」と。

そうした中、段々と主体的な取り組みが増えていくにしたがって、基礎的なマニュアルもあまり必要がなくなってきたのです。だったら、マニュアルそのものが要らないですよね、となって結局、社内からマニュアルが消えていったのです。

服装規定を改めるのではなく規定そのものをなくす

たとえば、服装規定もそうです。時代の変化や組織の変化を踏まえて規定を変える（緩める）のではなく、規定そのものをなくしてしまいました。

規定を変える（緩める）という行為は、自由のようでいて、まだ会社主導の考え方です。メンバーにより強い主体性を持たせたいと思えば、規定はないほうがいい。そうすればメンバーは自分で考えるようになります。

だから、今は技術のメンバーも、各々好きな格好で仕事をしています。現場に行くときには安全面や作業効率の面から長袖や作業服に着替えますが、オフィスにいるときは、それぞれが考える好きなスタイルで働いています。

なお、ピアスをしたり髪の毛に色を入れるのも自由です。服装も髪型もお客さまが不快に思わなければ何をしてもかまいません。

実際にそうしているメンバーもいますが、お客さまからの評価は上がる一方ですし、業績もちゃんと上がっています。

ということは、**お客さまや他のステークホルダーにきちんと喜んでいただける価値や期待、信用を高めることができるような仕事の質があれば、あまり服装は関係ない**のです（もちろん業種や業務によります）。

これが、働く一人ひとりに判断を委ねる「自走する組織」であり、こういうエネルギーの中で仕事をするのもいいのではと思います。

良い制度も「揃え」たらストレスになる

「毎日ちゃんと幸せ」とは、毎日ストレスなく働けることでもあると思います。

管理されたり、勝手に目標を決められて競争させられたり、指示ばかりされるよりは、主体性を発揮できたり、メンバー同士がお互いに支援し合ったりするほうがストレスは少ないでしょう。

ただ、何をストレスと感じるかは人それぞれです。

たとえば、よかれと思って導入した制度が、あるメンバーにとってはとてもストレスフルな可能性もあります。

「ランチミーティングに会社がお金を出しています」とか「毎月、社内でバースデーパーティをしています」、あるいは「残業禁止デーを増やしています」などと聞けば、素晴らしい取り組みだという気がします。

しかし、職場に濃密なコミュニケーションを求める人がいる一方で、ドライなコミュニケーションを求める人もいます。後者の人たちにとっては、必要以上に交流する機会が増えることを窮屈に感じるかもしれません。

また、家族や友人との時間を大切にしたくて早く帰りたい人もいる一方で、ここぞというときにはもっと集中して働いて仕事の質を上げたい人もいます。

さらには、「会社がどんどん良い方向に変わり、成長して、仕事が楽しくなった」と喜ぶ人がいたかと思えば、「自分は安定した生活ができればいいので、ヘンにワクワクする会社になられても困る」という人もいるでしょう。

このようなストレスにこそ、その人の個性が表れますし、まさに多種多様です。

「自分がしてほしいこと」や「自分がされたら嫌なこと」は、人それぞれ違うことをリーダーは忘れてはいけない。全員が毎日ちゃんと幸せであることをめざしている以上、経営者である自分やリーダーたちは、そこをよく見て、一人ひとりのストレスをなくしてあげなければいけないのです。もっと言えば、一人ひとりが自分のストレスをコントロールできるように支援することが大切です。

だからこそ、**良い制度だと思っていても強制せずに時間をかけてみたり、揃えずにいたり、マニュアル自体もできる限りなくす**方向でやっているのです。

誤解のないように記しておけば、立派なマニュアルをつくって成長している会社もたくさんあります。

マニュアルにはマニュアルの良さや面白さがあり、どちらが良いか悪いかではなく、経営デザインが違うだけなのです。

ダイバースに関して言えば、マニュアルをつくることによって業務を効率化し、多様な人材を巻き込んでいけます。オーケストラは、多種多様な異なる音色の楽器が集まり、譜面というマニュアルに忠実に従って奏でることによって、一つの作品やハーモニーが生み出される。それも素敵です。

しかし、僕たちはそれとは違うダイバースをつくりたい。同一的なことをみんなでやることだけが経営デザインとして有効ではないと思うし、同一的なことにフォーカスするあまり、失っている何か豊かさや成果があるように感じているのです。

ネルネル（練る練る）で行こう

一律に揃えない、一方的な指示をしない、といった意味では、良い意味でのぶつかり合いが時には必要だと思っています。

世の中の多くの物質も生物も、力と力のぶつかり合いの中で影響し合い、変化していま
す。

その事実から見れば、人もおそらく人と人がぶつかり合うことで変化し、磨かれ、成長
していくというポジティブな面もあるのではないでしょうか。

相手のストレスに配慮し、相手の立場に立って考え、思いやることと、衝突を恐れ相手
と真剣に向き合わないことは同義ではないはずです。

僕らは真剣に話し合ったり、お互いの弱さを認め合ったりしながら、時に人と人との真
剣な摩擦を恐れることなく、時間をかけながら「練る練る」で成長していきたいと思って
います。

主な取り組み例

✦「Call me name」（コールミーネーム）

僕たちの会社では、「自分が呼んでほしい名前」で呼び合う「コールミーネーム」という取り組みをしています。

これはお互いに関心を持ち、思いやり、親しく接することでコミュニケーションの質を高めることが目的ですが、「ニックネーム」ではなく、「自分が呼んでほしい名前」であるところがポイントです。

ニックネームのように周りが名前を付けると、その人の容姿やキャラクターからヒントを得ることが多いでしょう？　そこには、愛称といいながら、どこか「いじり」もしくは「いびり」の要素も入ってくる。それは、僕たちが大切にしている人間的な尊重から、何かを削り落としている感じがしていて嫌なのです。

だからコールミーネームです。社内ＳＮＳの自己紹介ページで告知したりします。主

体的に「私をこう呼んでください」という名前を呼び合うのが優しくて楽しい。

✦「個人別絶対評価」で競い合うより助け合う

他人と比較する評価は極力行わず、「個人別絶対評価」を行っています。自己を尊重する。競い合うよりも助け合うことを大切に考えているからです。

メンバーは自身が希望する能力開発の方向性を人事考課時の面談や自己申告書で申告し、会社が発揮を求める能力との調整を行っています。

また社内の褒賞制度においても、個々が競い合わないと受賞することができないような制度は一切排除しています。個人が勝手に誰かをライバル視し、切磋琢磨することを取り締まるようなことはしませんが、競い合わないといけないような環境はつくらないようにしています。

✦ オープンマインドでシェアし合う「みんなのおめでとう」

メンバーに関するおめでたいことを社内SNSでシェアしています。

当初は、プライバシーを話題にされるのを嫌がる人もいるし、照れくさい人もいるし、個人情報には気を使う必要があるので、わざわざそのような取り組みをしないほうが無難だともいえるので、どうしたものかと検討しました。しかし、みんなの反応を確認しながら、クローズ思考はやめて、オープン思考でお祝いし

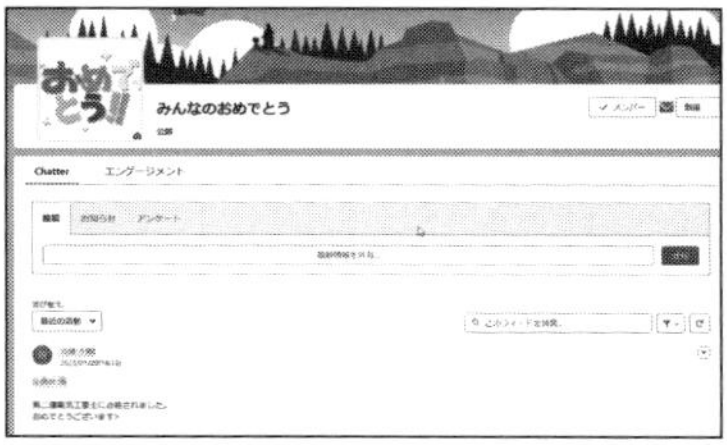

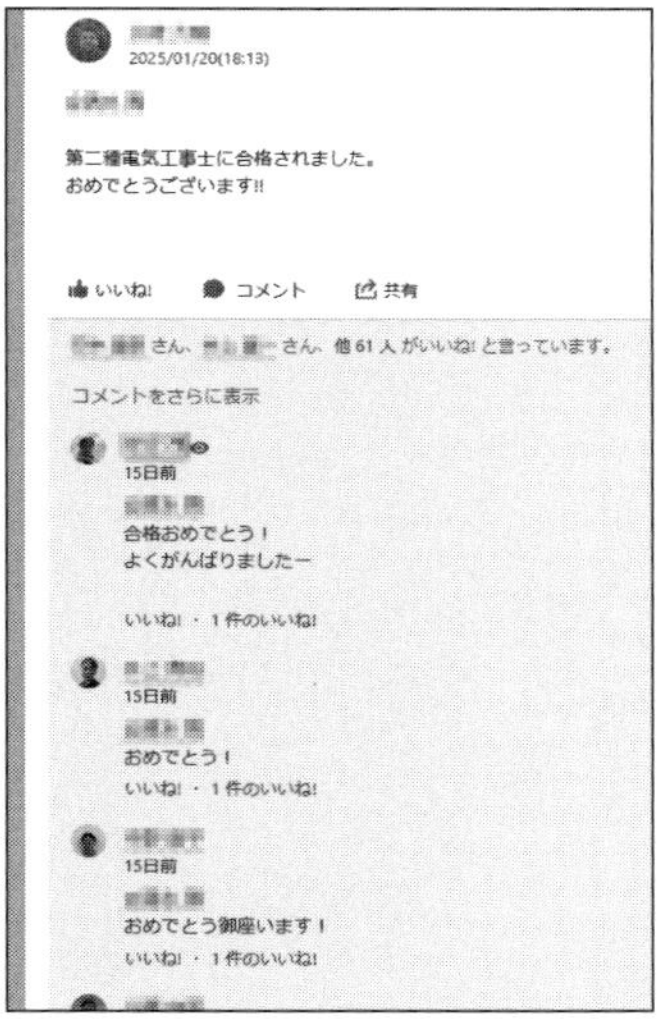

ていこうということになりました。

人生のいろいろな節目に、オープンに仲間で喜び合えることの素晴らしさや大切さを選んだということです。

✦組織は、相互支援型のフラットなチーム制

うちの会社は、自由闊達《かったつ》な相互支援型のフラット組織をめざしています。

会社見学にいらっしゃった方からは、「ティールですか？」とよく言われますが、僕自身、ティール組織が何かはあまりよくわかっておらず、自分たちがつくりたい組織をつくってきました。

ただし、フラットな組織というのは風通しがよく、抑圧されないという長所がある一方で、誰もが積極的に関わらないと事が動かないという短所もあります。

だからこそ、誰もが積極的に関わる起点として、競争ではなく相互支援の組織であるほうがいいのです。

また、僕たちは一人ひとりの個性や主体性を尊重する組織ではありますが、チーム主義を採っています。人間という動物そのものが一人では生きていけない協力し合う生き

物だと考えているのがその理由です。

その一方で、ダイバースやジェンダーレスなどに関わる個人の尊重については、全員で徹底しています。

第3章

毎日が幸せなルートで山を登る

先行き不透明な時代の歩き方

chapter 3

全員がゴール志向でなくてもいい

たとえば、ちゃんとした家やビルを建てようと思ったら、設計図や工程表、現場を管理監督していく人が必要です。

経営や仕事も同じで、成果を上げようと思えば、ゴールから逆算した計画を立て、PDCAサイクルをきちんと回していくスキルが必要です。世界中の一流企業は皆、そうしています。

でも、うちの会社では、していません。やろうとしてもできないという理由もありますが、何よりも、**「誰もが毎日ちゃんと幸せな経営」と、「最速最短ルートで目標達成をめざす逆算経営」とは相性が悪い**からです。

僕たちは、「目標を達成したから幸せ」ではなく、「毎日ちゃんと幸せ」であることに重きを置いています。目標を決めてそこに向かって最速最短ルートで走るよりも、縁があって出合ったこと、ふと気づいたこと、心がワクワクすることを選んだ結果、そうなっている人生も面白いし、人間らしいと思うのです。

人生の幸せや喜びはゴールに到達することではなく、その過程、途上の中にこそたくさん詰まっています。

僕は山登りをしますが、その面白さ、楽しさは山頂に到達することよりも、むしろ足を一歩一歩進めている瞬間、瞬間にあります。仲間と歩調を合わせたり、変化し続ける自然に対応したり、美しい景観に目を向けたり……。登山中ずっと楽しんでいます。

だから全員が全員、ゴール志向でなくてもいいと思います。自分を大切にして、毎日を楽しく、ストレスの少ない状況で歩むことができたら、それも素敵です。明日もまたいつもの平穏な毎日が続くことの中にある人生の豊かさや美しさだってあります。

もちろん、ＰＤＣＡサイクルを回せる人、高い目標に向かいたい人は、どんどんチャレンジすればいいし、彼らもそのこと自体を楽しんでいるでしょう。ただ、世の中の全員がＰＤＣＡサイクルを回せるとは限りません。

そうせずとも良質な成果を得ることのできるルート（方法）を模索したい。第３章では、そのことについて記していきたいと思います。

chapter 3

先が読めない時代だからこそ「スパイラル経営」

逆算経営やPDCAサイクルを回さずに、どうやって良質な成果を得るのか？　その答えを探して僕たちが取り組んできたのは、**「スパイラル経営」**です。スパイラルとは「らせん」のこと。下から上に向かって、ぐるぐると回りながら昇っていくイメージです。

引き続き登山にたとえてみると、**逆算経営が、答え（山頂）ありきで最速最短ルートを登っていくのに対して、スパイラル経営では、向かうルートを敢えて計画しません。**

山頂をめざしているのは確かですが、その途中であっちに向かってもいいし、こっちに行ってしまってもいい。最速最短ルートでの到達を重要視せずに、**その場その場の主体的な気づきや判断などを大切にしながら、丁寧に登っていく**イメージです。

そうした日々の組織的な気づきを大切にしています。

スパイラル経営では、時には寄り道し、休憩し、各自のペースを大切にしながら、その気づきをミルクレープケーキのように積み重ねていくのです。**一人ひとりが主体的に歩き**

図表9　逆算経営とスパイラル経営のイメージ

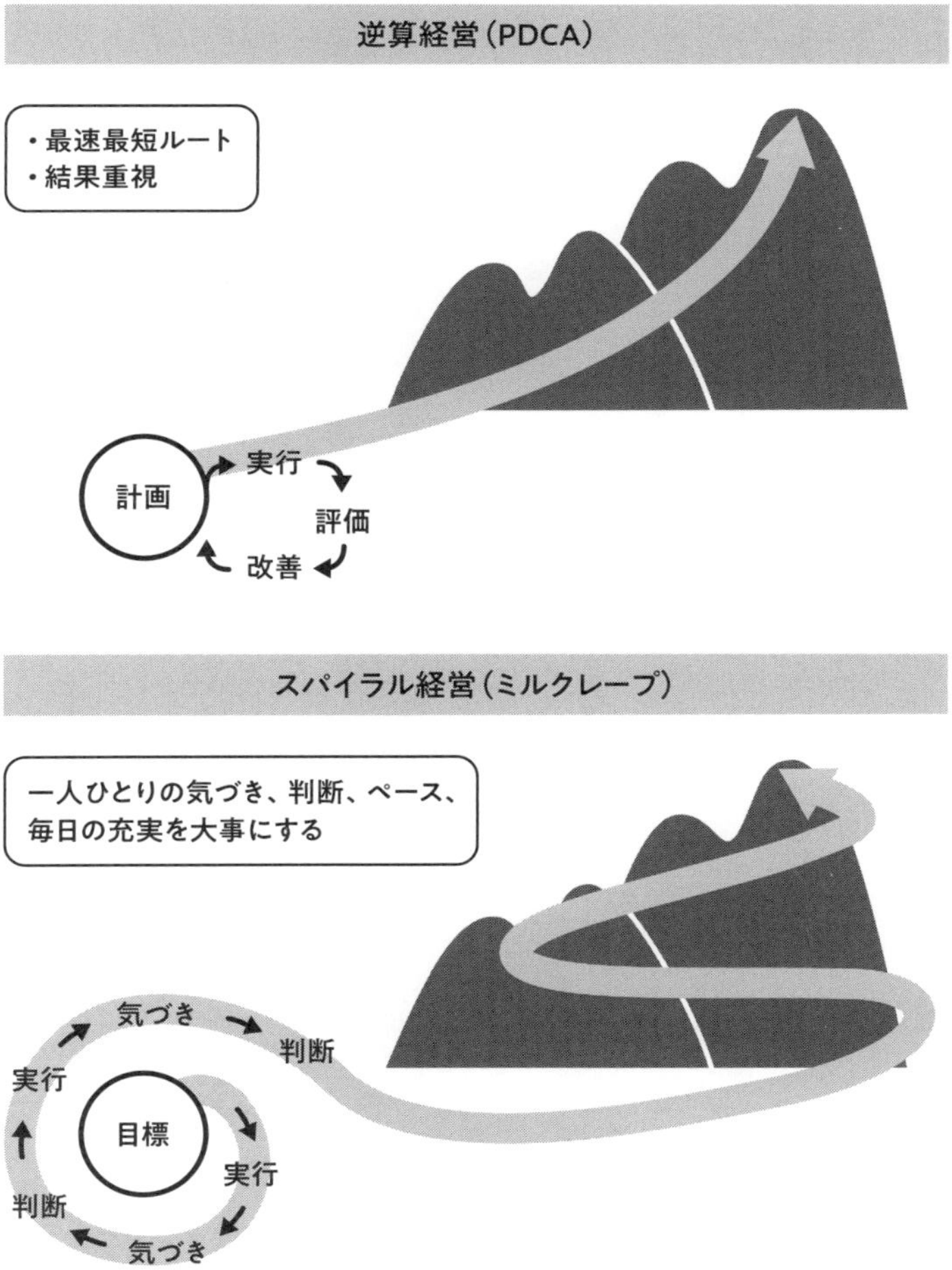

「逆算経営（PDCA）」が効率的で最短ルートの登山ならば、「スパイラル経営」は、らせん状に回りながら登山するイメージ

ながら、気づいたことを寄せ集め、積み重ねていこうというやり方です。これにより最短最速で山頂に到達することを捨てる代わりに同行者を一人も脱落させず、同行者それぞれの成長を大切にすることができます。

だから、スパイラル経営では、その過程（毎日の仕事）自体がとても大切で、一人ひとりのメンバーが主体的に、楽しく優しく働くことが源泉になります。

以前、ある経営学の先生と話す機会があり、「井上さんのやり方で組織の質を生み出すのはちょっと難しいと思ったけれど、たしかにこの考え方、やり方でも質を生み出していますね」と言っていただきました。

一人ひとりの現場での気づきを活かし、即変化・即実行していくやり方は、経営学でいう「ＯＯＤＡ（ウーダ）ループ」（Observe：観察、Orient：状況判断、Decide：意思決定、Act：実行の略）というフレームワークに近いそうです。

「計画ではない大切なもの」を持って旅したい

ますます変化が速く複雑になる時代には、あらかじめ目標やゴールを綿密に決めたり、時間をかけたりするよりも、気づきと実行（挑戦）を素早く繰り返していくスパイラル経営のほうが効く組織もあると思います。

また、組織としての成果とメンバー一人ひとりの成長を両立していくには、それぞれの主体性が鍵となるスパイラル経営のほうが、相性がいいようにも思います。

逆算経営もスパイラル経営も、最終的なゴールは一緒です。自分たちの仕事が社会の誰かの役に立ち、経済的な価値を生み出すことをめざすのですが、あくまでも「毎日がちゃんと幸せ」というアプローチにこだわりたい。

「計画に従って取り組め」と言われるよりは、「自分の気づきを大切に、途中でつまずいてもいいから自分の道を探ってみよう」と言われるほうがワクワクすると思うからです。

一人ひとりが持つ気づきには必ず個性（バラツキ）があります。その個性を大切にし、組織の中で活かし合うことができたら、**多様な気づき、多様な挑戦を内包することのできる組織になり、時代の変化に強くなっていく**と思っています。

そうしたスパイラル経営の良いエネルギーの中で、経験、気づき、学習を繰り返していくことで、長い目で見れば「サバイバル力のある強い経営」に近づくような気がするのです。

時間をかけることで人も組織も醸成する

第二創業宣言以後の経営において、「人と組織の成熟のためにいかに時間をかけられるか?」が鍵だと思っていました。

たとえば、何らかの理由で早く結果を出そうとする会社は、即効性のある手法に注目します。最先端のマーケティングや、メンバーに強い負荷をかけるマネジメントなどもそうでしょう。しかし、会社を人間の身体として考えたとき、それらは強い薬や注射、栄養ドリンクを摂取し続けたり、徹夜を続けたりといったことにあたります。

それに対して、健康的に成長しようと思ったら、着目するものが変わるはずです。たとえば、睡眠や食べ物、運動、そしてストレスの少ない生活を心がけますよね。

最近は、「人的資本経営」ということがよく言われていますが、もし人を資本と捉えるならば、「人は経験と気づきを重ねながら時間をかけて成長する」という事実を踏まえなければいけません。

人を大切にする経営、人の成長に責任を持つ経営なら、時間は長くとらないといけない

と思うのです。気づいたことがあればどんどん変えていっていいし、自分たちのペースで歩めばいいんだ——ということが前提になります。

中小企業の経営者の中には、「いや、目の前の業績が大変なのに、そんな長い目で見られないですよ」と言う人もいます。

その気持ちは痛いほどわかります。しかし、こう思うのです。

「目の前の業績が大変だからこそ、人の成長、人の可能性に着目する」

「目の前の業績にがんばって取り組むことと、人の成長は本来、相関していて両立できる」

業績か人の成長か？　ではなく、**業績と成長を両立させていくのが経営者の責任であり、努力していくこと**ではないかと。

WELL-BEINGとWELL-GROWTH

この数年間続けてきた**スパイラル経営のことを、「WELL-BEING と WELL-GROWTH の両立経営」とも表現**しています。日本語にすると、**「日々より良くある」ことと「時間**

をかけてよりよく成長する」ということです。

この概念を説明するときに、次のような図を描いています（図表10）。

図の縦軸はWELL-BEINGで、「日常の質の高さ」を表しています。その要素には、主体性、優しさ、幸せ・楽しさといったメンバー一人ひとりの日々の精神的な豊かさや心の状態があります。

この縦軸の質がとても大切であって、これが高ければ毎日ちゃんと幸せということになります。

一方の横軸はWELL-GROWTHで、「時間の経過、量・規模」を表しています。経験・気づき、成長、挑戦、売上といったことです。

人生も会社経営も、毎日時間が過ぎていきます。

その過ぎていく時間の中で、組織に関わる人の毎日がいかに幸せで、かつ連続する時間経過の中で良い経験を積み、良い気づきを得られるか？――それが僕らのめざす経営の姿であり、経営コンサルタントなどから、「やりすぎ。バランスが悪い」と指摘されるほど、日常の質を高めることに注力してきました。

図表10　「WELL-BEINGとWELL-GROWTHの両立経営」のイメージ

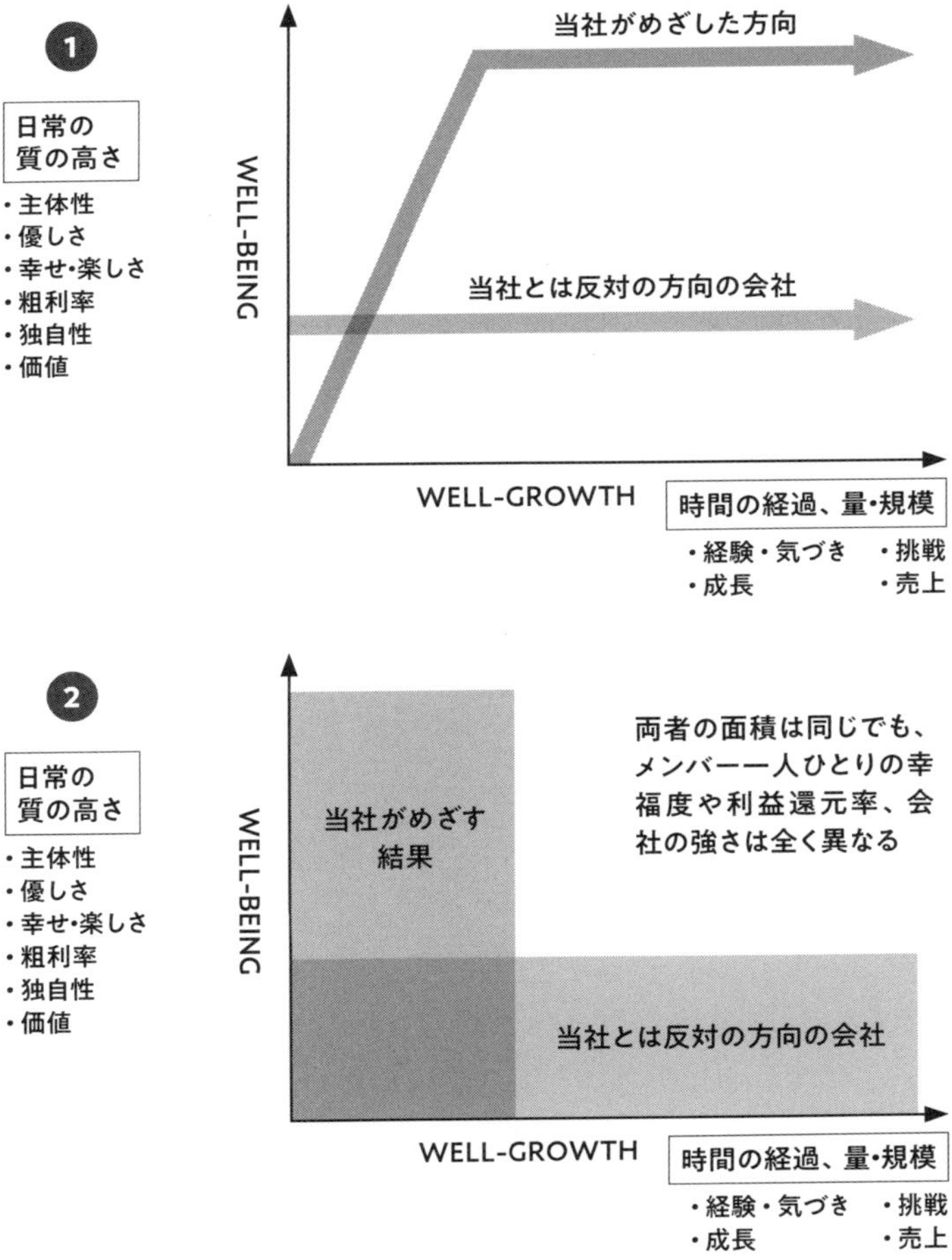

WELL-BEINGを高めると、成長したときに得られるものが増える

たとえば、①のグラフでは、僕たちの会社のめざす矢印が「時間の経過、量・規模」ではなく、「日常の質の高さ」のほうを向いています。この場合、当初の売上などは少なくなりますが、②のグラフを見ていただくと、興味深い結果になっていることがわかると思います。

長方形の面積の公式は「縦×横」ですから、縦＝日常の質の高さをいかに高くするかで、その後の会社の中身や収穫できるものがまったく変わってきます。仮に、面積の大きさが同じであっても、メンバー一人ひとりの幸福度や利益（給料）の還元率、会社の強さなどには明確な違いが出るのです。

「日常の質」を高めることこそ経営の要諦

「ここまでの経営を振り返ってみて、何が一番大切でしたか？」

そう聞かれたら、答えは明快です。

最初の最初に、経営の要諦は、このグラフの《縦軸》にあることに気づいたことです。

僕が改革を始める以前は横軸に意識が向いていた会社でした。しかし、横方向だけを増やそうとすると、質を高めるデザインが深まっていきません。

いわゆる「昭和」は、それでも大丈夫だったのです。経済成長が続き、今日より明日のほうが良くなる時代だったので、同じことを繰り返していても、質に無関心でも、何とか会社経営ができる時代でした。

しかし、これからの経営は市場の変化が激しく、厳しくなっていきます。

だから最近は、若い経営者の方たちを前に話すときには、こうお伝えしています。

「皆さん、もう昭和・平成ではなく令和に入っていますので、経営のデザインを変えてください。質を上げることと、量を伸ばすことの両軸を取りに行ってください。そのためには、人を大切にすることと、一人ひとりが良い経験と気づきを得られるように毎日の仕事環境をつくってあげると、自然と両軸が揃っていきます。それは僕が経験してきたので、証拠もあります」

その最たる例が、「あまりに理不尽な取引先との関係解消」です。

ある会社との取引をやめたことで、その会社を担当していたメンバーたちの「日常の質」は上がりました。しかし、その分の売上はなくなります（当時、その会社との取引は総売上の6分の1～7分の1を占めていました）。

どうしたものかと思いましたが、よくしたもので、質を優先するほうに羅針盤の針を向けたら、メンバーたちが自分で利益率の高い仕事を見つけてきて、その穴を埋めてしまいました。

やはり日常の質を高めることが大切なのです。とはいえ、僕たちも現実的にはまだまだです。

お手本にさせてもらっている会社さんがいくつかあり、皆さんはもっと日常の質が高くて素敵な経営をされています。すべてコピーしたところですぐに追いつけるわけもありませんが、自分たちにできることを少しずつ高めながら、メンバーたちと会社経営の旅を続けていこうと思っています。

chapter 3

自律・自走する組織への成長

話は少し遡りますが、2018年度の「京都経営品質賞」へエントリーしようと思ったのは、ある人から勧められたからでした。

「井上さんがやっていることは、十分に経営の質を上げている。外部の評価を受けてみてはどうか。しかも、対外的にチェックしてもらえば新たな課題も見つかる」

それを聞いて、自分が考え取り組んできたことを客観的に評価していただく良いタイミングかな、と思いました。それはメンバーにとっても必要なことだと考え、40ページほどの論文にまとめてみたところ、「革新的組織の入口に立っている」と優秀賞をいただくことができたのです。

この受賞は、二つの意味で感慨深いものになりました。

一つ目は、人間の可能性は僕の想像以上に大きなものだったということです。

僕は会社の改革に20年くらいの時間をかけるつもりでした。それくらい時間をかけないと、人も組織も変えられないかもしれないと思っていたからです。

少しずつ借金を返しながら、何とか潰さずにやっていけばいい。自分の経営者人生は、これからどんなことがあっても「毎日がちゃんと幸せ」な会社づくりから決して逃げずに粘り強くやろう、ずっとそんなことをやっているうちに終わるかもしれないけれど、それでいいと。

でも、その考えは間違っていました。人の可能性に対する理解が低すぎたからです。

「昨日より今日のほうが楽しい。ちょっとずつでも変わればいいね」という思いでやっていたら、あれよあれよという間に組織が変わり、実質7年で「京都経営品質賞・優秀賞」をいただくことができたのです。

二つ目は、受賞後のメンバーたちの進化がさらにすごかったことです。

「どん底から7年でここまで来ることができた」

「社長が突然、第二創業宣言をして始めたことだけれど、自分たちがやってきたことには意味があった!」

こんなふうに自信を得てからは、革新的組織を目指す山登りが始まりました。僕も想定しなかった組織の変化が起こり始めたのです。

図表11　業績ショートヒストリー

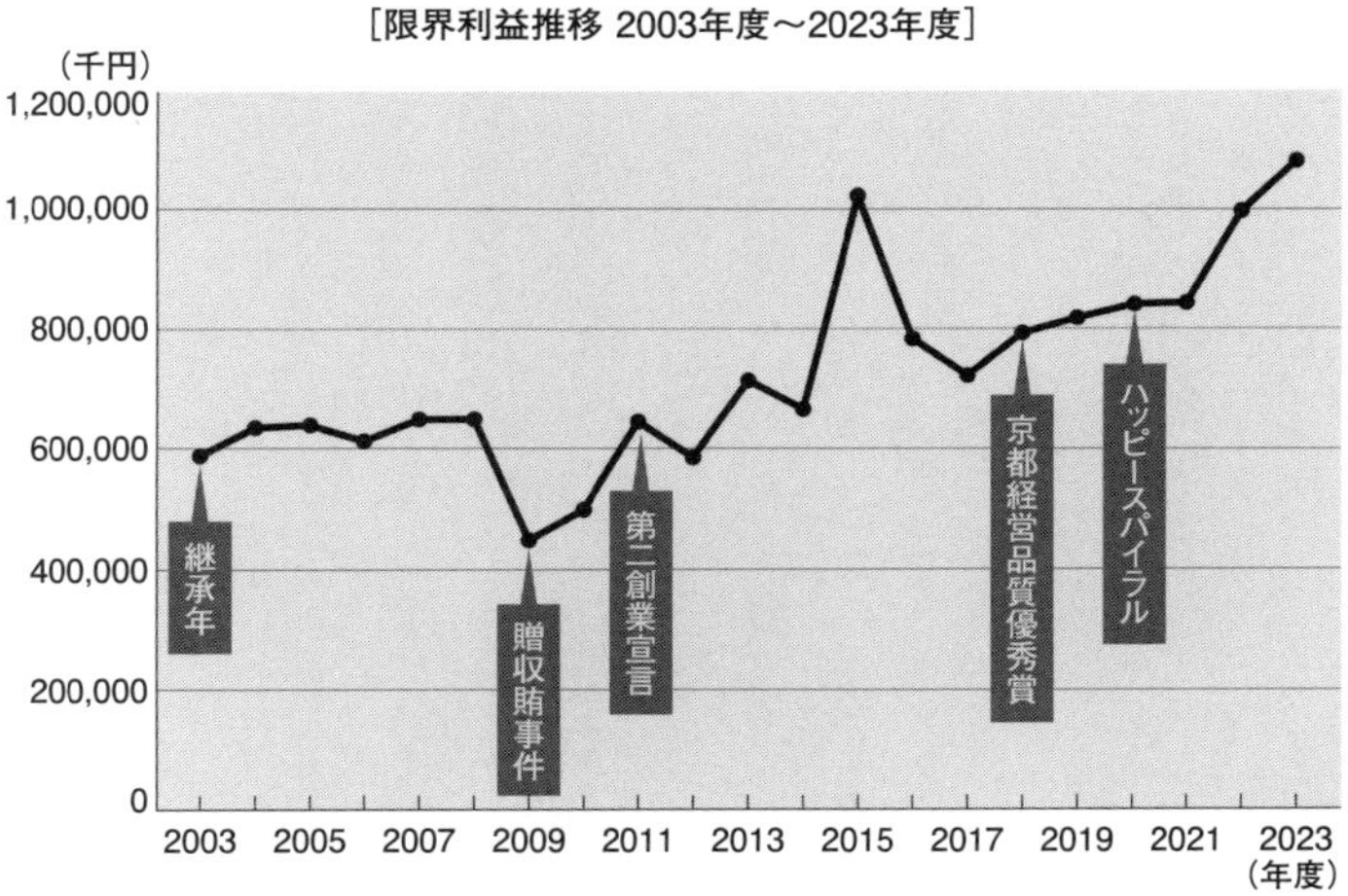

「革新的組織を目指す山登りが始まった」と言うと、何か特別で華やかなことを思い浮かべる方が多いと思いますが、僕がステキだなと感動したのは、むしろ日常のちょっとした行動です。

たとえば、他人に対してどちらかというと厳しく無関心な態度をとっているように見えていた人が、「ありがとう！」と言い始めたり、優しい言葉をかけるようになったりする。商品を配達する際にお客さまに対して何も言わなかった人が、ついでに他の商品を紹介する……といったように、各自が自信を持って自分を発揮し始めたことです。

そうした日々の小さくても理想的なやり取りが当たり前になってくると、その延長で、時々とても華やかな出来事が生まれます。それは新事業の開発だったり、感動的なエピソードだったりしますが、それらはあくまでボーナスのようなもの。**大切なのは、日常的に自律・自走が実現できていること**です。

そうしたことにこそ、喜びや幸せ、楽しさ、あるいは、ストレスの少ない生活があるわけで、**働く人にとっては華やかな出来事よりもよほど大切なこと**なのです。

AI事業を自ら企画して営業を始める

「京都経営品質賞・優秀賞」をいただいた後、メンバーたちが事業計画になかったことを自主的に始めて、自分たちでお客さまを見つけてくるようになりました。

ＡＩ事業に関する取り組みもその一つです。

きっかけは、あるメンバーがＡＩによる画像検査システムを開発して他社と共同で特許を取ったことでした。名称を『Deep i』（ディープ・アイ）というのですが、これによって、今までは人が行っていた検査工程や数量カウントを、より早く、より正確に実行できるようになります。

そしてこのシステムを、大阪で行われた「関西ものづくりＡＩ／ＩｏＴ展」に出展すると、とても大きな反響がありました。大手企業を中心に約８００社が参加する中で、運営側からは「最も展示ブースを賑わせたブースです」と言っていただけたのです。

小さなブースを借りていたのですが、「来年からは倍の大きさのブースを借りてくださ い」とお願いされるほどでした。

会場でアンケートをとった結果、導入を意識しているという回答だけでも90件が集まり、その後に問い合わせや受注が相次いでいます。

メンバーたちは3日間の出展で、数億円以上の売上見込みをつくったのでした。

この一件でメンバーたちが僕（経営者）待ちでなく、常に自分事として動いていることを改めて知り、とても嬉しく、頼もしく思いました。一人ひとりが経験と気づきを重ねる中で成長していく、まさに自走する組織が育っていたのです。

チームから「群れ」へ。所属に関係なくサポートし合う

ちなみに、これにはまだ後日談があります。

展示会でいただいた名刺に対してご連絡していたときのことです。「もう営業だけでは間に合わない」となったときに、「セールスサポートチーム」（5名）が、「じゃあ、私たちでやります！」と手を挙げて、テレアポを取り始めたのです。

テレアポ営業は誰もが未経験に近いし、メンバーの中には新卒で入ったばかりの人もいたので、ちょっと心配していました。ベテランの営業マンも驚いて、「無理しなくていい

よ」と言っていましたが、本人たちは楽しそうにやっています。

電話があったことで喜んでいたお客さまもいて、「アポが取れちゃいました」などと社内SNSで報告しているのです。

僕たちの特徴は、フラットな関係のチーム制であることですが、最近では、さらに進化しています。**チームの境界線が薄くなってきている**のです。

普通の会社であれば、各部署に分かれたら、基本的にはその垣根を越えて何かするということはありません。営業が大変だからといって経理部が営業を手伝ったり、わざわざ組織を横断して仕事をしたりするようなことは、あまりないと思います。それをすると、人と成果の責任や管理があいまいになるからです。

ところが、**あるチームに所属しているメンバーが、まったく別チームの勉強会に参加していたり、違うチームの営業先に同行していたりと、自由に行き来している**のです。

何のために来ているのかよくわからなかったのでそのメンバーに尋ねてみると、「いや、興味があって勉強したかったので……」との返事でした。

チームが解けて、まさに「群れ」のようなってきているのです。

とはいえ、チームごとに成果を評価していますから、自分のチームのメンバーが勝手によその仕事を手伝っていたら、チームリーダーは困るはずです。勉強会にしても、本来なら「その勉強は今必要か？　まずはこっちの勉強をしろよ」と言いたくなるかもしれません。

しかし、うちのリーダーたちは怒るどころか、快く送り出しています。

何よりも、本人たちは生き生きとやっている。そんなふうにみんなで働いていたら、ものすごく儲かるようなことはないけれど、みんなが自主的に前向きなエネルギーでやっているのだから、少しずつ個人も組織も成長していくのだと思います。

地域とビジネスをアップデートする

会社再建のメドがつき、自分たちが毎日ちゃんと幸せに働ける環境が整っていくにつれて、メンバーたちの視野が少しずつ広がっていることに気づきました。

最初は自分たちの幸せを、次はアライアンス先の幸せを、お客さまの幸せを、さらには地域の人々の幸せを――と。

それに伴い、すべてのステークホルダーを笑顔にしていく。スパイラルを描くイメージで、数年前から地域で新しい試みを始めています。

地域創生、地域活性化というような言葉だけを耳にしても、自分たちにとっての地域とは何なのかを考えてこなかったので、全然わかっていない。また同時に、人口増を前提につくられてきた街や制度が至るところで上手くいかなくなっていることも目にするようになり、改めて自分たちにとって大切なステークホルダーでもある地域に何ができるかを考え始めたのがきっかけです。

とはいっても、自分の身体を伴わない問題はいくら考えてもピンとくる答えはみつかりません。

これについて会社で話し合ったとき、メンバーから「地域に密接に関係している農業をしましょう」という意見が出たのです。さっそく農地を探したところ、たまたま廃校になった小学校のグラウンドと出合いました。

今、その廃校を「THE 610 BASE（ムトベース）」としてリノベーションし、次のようなアグリライフのクリエイト事業を展開しています。

・いちご栽培といちご摘み体験
・マルシェイベント
・カフェ運営
・ワークショップの開催を運営
・多目的な人が集う場所運営
・農業体験活動
・クラフトビール醸造と地域農家との大麦・ホップ栽培
・中学校部活動の民営化応援
・障がい者支援活動
・スケートボードやその他アクティビティ

僕たちの活動を知った方々からは、「ソーシャルな井上さん」という言われ方をするのですが、まだ地域の方と一緒に歩み始めたば

かりで、ソーシャルとは何かがわかったわけではありません。

地域を思う気持ちはあるものの、地域の課題解決のような頭でっかちにならず、「楽しい場所をつくる」ことをコンセプトに自分たちの気づきや、やりたいこと、できることを始めただけなのです。

最近になって、全国で実績のある地域創生に取り組まれている方々とも知り合いになり、一つずつ勉強を始めたところです。

地元にはさまざまな産業や伝統技術がありま す。そしてその土地で暮らす人々の営みがあります。そこに僕たちらしい取り組みや技術をプラスして、地域とビジネスのアップデートに挑戦していきたいと思っています。

FIELDS THE BASE

主な取り組み例

✦ プレーヤーとしても楽しめる多目的スペース

うちの会社には「THE BASE」というキッチン付きの多目的スペース（社内カフェ）があります。

メンバーたちが料理をつくって振る舞うことで、消費者として成熟するだけではなく、提供側に回って誰かを喜ばせることを楽しめると素敵だなと思っています。

お金を払ってレストランで料理を楽しむのはもちろん素晴らしい経験ですが、自分が何者かになって誰かを喜ばすことも同じくらい素敵だと思います。

✦ 飲み会では安全のため宿泊費・代行運転費を支給

うちの会社は田舎にあるので、お酒を飲むならばどうしても泊まるか代行運転を頼むことになります。

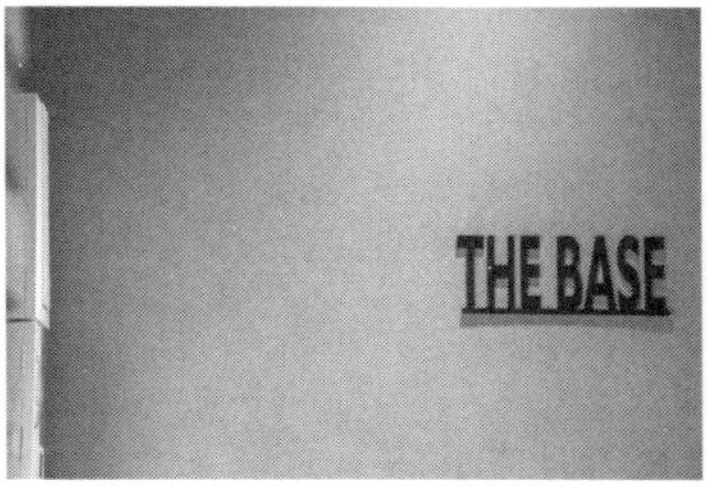

「THE BASE（社内カフェ）」内部の様子。自分が提供する側になって、誰かを喜ばせる体験ができる場になっている

職場のコミュニケーションだけでなく就業時間後のコミュニケーションや親睦の機会も大切に思っているので、いろいろと心配なく楽しい時間になるように、飲食代のほかにも安全のため宿泊費・代行運転費を支給しています。また、チーム主催の食事会では、社長の僕を誘ってくれたらちょっと高級な食事や2次会・3次会の費用まで僕が出すようにしています。

✦ 副業解禁は「複数の経験」を得たり価値を提供するため

うちの会社は副業を許可しています。

多くの場合、サラリーを2カ所から取れるようにして収入を上げるためだと思いますが、僕は、副業をすることで複数の経験を取りにいくことにも価値があると思っています。

一回きりの人生の中で、メンバーが複数の社会的価値を生んだり提供したりすることは、本人にとっても社会にとっても素晴らしいことだと思います。別にお金に困っていなくても、「土日はカフェで働いています」「写真撮影のアルバイトしてます」というのも素敵だと思います。

✦「5年目の自由研究」と「10年チャレンジ休暇」

入社して5年目になると、メンバーは「5年目の自由研究」として自分で研究計画を立て、2泊以上の旅に出ることになっています。日常生活ではできない体験をすることがポイントです。僕は旅や山登りが大好きですが、メンバーにもアウェイを楽しんでほしいです。

また、勤続10年ごとに、「10年チャレンジ休暇」というのがあり、これは10日前後の特別休暇を取ってもらい、何か新しい経験を楽しんでもらう制度です。家族を連れて行くことも可能です。

「5年目の自由研究」「10年チャレンジ休暇」での一コマ。槍ヶ岳登頂や旅など、自分がやりたいと思っていたことを実現させるための時間を過ごしてもらっている

図表12　「5年目の自由研究」実施例

日付	テーマ	内容
2024/5/15〜17	宮城県の過去を学び、魅力を知る	東日本大震災で被災した小学校のある荒浜地区へ行き、震災につい学ぶ。また、宮城県の魅力ある名所(松島、仙台城)や食(牛タン)を堪能することで、魅力を知る
2024/3/11〜13	宿坊体験を通じて精神を整える	初めての一人旅で、奈良県の信貴山・玉蔵院で宿坊体験をする。精進料理や護摩祈禱への参加をすることで、心を整える
2023/9/4〜8	自然の中に一人、身を置いてみて何を思うのか体験する	長野県の北アルプス(西穂高岳〜上高地〜天狗池〜槍ヶ岳)総歩行距離55kmを縦走し、自然の厳しさや、人との出会いを通じた経験をする
2023/7/4〜7	初海外旅行! 現地の文化に触れ、現地の人と同期メンバーの笑顔を撮る	同期メンバーと初めての海外旅行で韓国へ行く。現地の人との出会いを大切にし、同期メンバーの笑顔をたくさんシャッターに収める
2023/6/8〜10	初めてのママ旅〜富士山を見に行こう!〜	3歳の娘と初めての二人旅で、富士山を見ながらグランピングをする。富士山を見ることも、テント泊をすることも初めてで、初めてづくしのママ旅
2023/4/10〜14	海と渓流釣りの新天地を探して、鳥取方面へ遠征釣行	境港や鳥取港等でシーバス釣り、大山周辺の渓流でヤマメやイワナ釣りをする。未知の場所の為、安全第一で回ることが目標
2022/10/31〜11/2	ダーツの旅的徳島県を知る旅	あえて普段関心を持たないところに行き、その街を知る旅にするため、ダーツの旅アプリで当たったところへ行く(徳島県の鳴門海峡)
2022/10/3〜5	電気自動車での旅&熱気球に乗り自分自身が風になる体験をする	人生初の熱気球に乗り、壮大な景色を見て体感する。また、電気自動車で何回の充電で旅ができるかを研究する
2022/6/22〜24	五感で感じる旅!	ひめゆり平和祈念資料館・ひめゆりの塔で沖縄戦の見聞を深め、ダイビング・シュノーケルを体験することで沖縄の海を学び、琉球ガラスの製作体験で伝統文化にふれる
2021/10/13〜15	砂浜を本当にバイクで走れるのか〜初めてのバイク一人旅〜	初めてのバイク一人旅で、石川県の千里浜なぎさドライブウェイ(砂浜)をバイクで走れるのか。また、場所・食べ物・人との出会いを研究する旅

図表13　「10年チャレンジ休暇」実施例

テーマ：**何でもよいので何かにチャレンジをする**

日付	内容
2024/ 10/15〜19	**「夫婦で岐阜、長野、富山、新潟の名所を歩く、撮る、歩く」** 飛騨高山、上高地、善光寺、立山黒部アルペンルート、糸魚川ヒスイ海岸等、綺麗な名所を夫婦で巡る
2024/ 9/11〜19	**「リトルカブとの旅」** 石川県〜富山県〜長野県〜山梨県〜兵庫県の総走行距離1,318kmを、愛車のリトルカブ（原付）で巡る
2023/ 8/6〜8	**「子供たちとの2泊3日旅行」** 中学生の子供たちができる限りの行動計画を立て、現地でも電車の乗換えなどをスマホを使いながらチャレンジし、東京の名所やディズニーランドへ行く
2023/ 6/12〜16	**「息子と男2人ディズニー旅と、全ての子守や家事を行う」** 子どもと2人だけの初めての遠出宿泊で、子供の笑顔と成長を感じる旅にする
2023/ 3/23〜28	**「パリであらゆるチャレンジを行う」** 1日15,000歩歩く、現地の方とコミュニケーションを図る、ひたすら楽しむ、をテーマに旅する
2022/ 5/23〜26	**「中型免許8t限定解除の取得、ボルダリングの挑戦」** マイクロバスを運転できるようになるためのチャレンジと、体力維持のために始めたボルダリングへの継続的チャレンジを行う
2022/ 2/28〜3/4	**「近場でできる3つのチャレンジ」** 実家の玄関に漆喰塗装を行う、ソロキャンプを行う、夫婦でイタリアンのコース料理を食べる
2019/ 8/26〜30	**「妻と四国半周の車の旅」** 美味しいものを食べ、戦国と幕末を学び、秘境の大自然に触れ、温泉を堪能する
2019/ 1/28〜2/1	**「夫婦探しの旅」** 新婚旅行で行ったシンガポールへ、結婚以来となる夫婦2人きりでの旅行をする

第4章

一人ひとりの命に敬意を払う

どちらかを選ぶのではなく、全部選ぶ

chapter 4

経営者として大切なことは「フェアネス」

僕が経営者として大切にしているのは、**メンバーに対してフェアな環境をつくる**ことです。

なぜフェアにこだわるのかといえば、**〝人の命の価値に優劣はない〟と信じているから**です。僕自身も貴重な命を宿した存在であると同時に、周りにいる人誰もが同じく貴重な命を宿した存在であって、そこに他者への尊重のベースを置いています。

だから、会社内であっても労使の関係であっても、他者と向き合うときはフェアな関係でお互いを尊重したいと思っているのです。さらにはフェアであるからこそ、相互信頼が育まれていくとも思います。

たとえば、お金の面もそうです。

会社のお金をどう配分するかについて、「社長の自分だけで決めすぎない」という方針を採っています。

僕が唯一、自分の一存で決めているのは、決算賞与の配分だけ。その他のことはほぼすべて、メンバーたちからの意見や提案をオープンの場で聞きつつ、「自分はこれくらいのことをがんばればこれくらいになる」とわかる設計図をみんなでつくっているのです。すでに書いてきたように、それこそ福利厚生の内容やインセンティブの金額も含めて、全員が好きなことを提案できる仕組みになっています。

なお、決算賞与の配分のみ僕が決めているのは、この先どうなるかわからない旅を続ける中で、お金を来期にどれだけ持ち越すべきかという、長期的な目線での経営判断はまだ僕でなければできない部分があるからです。

とはいえ、「何があるかわからないから、今期の決算賞与はどうなるかわからないよ」というのではアンフェアですから、期首には必ずこんなふうに約束しています。

「今期の計画は○○くらいです。これ以上オーバーしたら、そのオーバーした分の○割は絶対に賞与として還元します」と。

僕が判断するのは、あくまでそれ以上に出すかどうかという部分です。

フェアであることを心がけているのは、新しい取り組みや制度を導入する際も同じです。事前にその目的と狙いをしっかり説明するようにしています。

いくらメンバーのためになる取り組みや制度であっても、彼らの貴重な人生や時間を預かっている以上、その目的も伝えずに指示に従わせたり、実験的な試みをしたりするのは、あまりにも失礼だと思うからです。

そもそも「一人ひとりの幸せを応援します」と言っているのに、その説明と納得の部分を省略する（雑にする）のでは、矛盾してしまいます。

「指示」や「命令」から「提案」や「お願い」へ

指示することに関してそこまで慎重になるのは、経営者としての自分の影響力の大きさを認識しているからです。

社長が指示を出せば、メンバーは従わざるを得ません。しかし、僕が良いと思ったことでも、そのメンバーにとっては「ストレス」になることもあります。それが強いストレスになるだけではなく、人生を変えてしまう可能性もあるのですから、他人と向き合うときにはできるだけ丁寧でありたいと考えています。

社長といっても、それは組織上の役割であって、中身は同じ人間です。その人間同士が影響を与え合うわけですから、そこはフェアでなるべく丁寧でありたいと思います。

だから、「命令」はしません。どちらかというと「提案」や「お願い」です。社長がお願いをするのはヘンかもしれませんが、僕が良いと思っていることをメンバーがどう判断するかは、メンバーの気づきやリテラシーに任せています。

メンバーの中には、「社長はお願いばかりしている。もっと指示をしてくれたらいいのに……」と思う人もいますし、「大切に扱ってくれている」と感じる人もいるでしょう。でも、そこはバラバラでいいし、僕としてはどちらでもいいのです。

「一人ひとりの幸せを応援します」と言っている以上、一方的な指示や命令ではなく、その意図をきちんと説明したり、お願いをしたりすることで、フェアな環境をつくっていく――。それが、僕のリーダーシップの一番大切な立ち位置なのです。

幸せと結果を両立させるのが経営者の仕事

僕は「メンバーが毎日ちゃんと幸せに働く」ことを最優先に考えて経営してきました。

数字的な目標を掲げてそこから逆算し、ＰＤＣＡサイクルを回していく経営はしていません。

とはいえ、経営とは、組織的に結果（数字）をどう生み出していくかというものでもあります。

誤解があってはいけないので敢えて書きますが、経営者は結果に対して責任を負っており、ストイックでなければいけないし、会社の財務的な目標やあるべき姿を必ず持っていなければいけないと思っています。慢性的な赤字経営は、誰も幸せにできない社会悪だとも思います。

そこをいい加減にして、会社経営は上手くはいきません。

あの二宮尊徳（江戸時代の経世家、農政家）も、「道徳なき経済は罪悪であり、経済なき道徳は寝言である」という思想を持っていたといわれています。

どんなに素晴らしいビジョンや目的を持っていても、経済活動である以上、経営者は結果から絶対に逃げられません。毎日がちゃんと幸せである日常の質を追求すると同時に、その取り組みが必ず組織としての結果を生み出すように、両立するように取り組んできました。

ちなみに、僕は**「粗利額と粗利率」（限界利益と限界利益率）を重視するべき指標としています**。売上額は自社サービスの市場への貢献指標である一方で、提供サービスによって大小のバラつきがあります。

社内のみんなで目線を合わせて追いかける成果としては、粗利額や粗利率がフェアであるし、何より可処分利益をみんなで追いかけて、それをみんなで分配するのが現実的で、長年ずっとそうしてきました。

昭和のような経済自体が右肩上がりの時代には売上額を追いかけるだけでよかったと思いますが、**現在のように組織の価値（質）を求められる時代は、ますます粗利額や粗利率に着目していくのがいい**と思います。

chapter 4

人を大切にする者同士でつながっていく

毎日ちゃんと幸せでいるには、**なるべく自分たちと価値観の近い人と付き合うことも大切**です。

これは「多様性を認める」という話と一見矛盾するようですが、お互いの違いを受け入れることと、あまりにも価値観の違う相手に無理に自分たちを合わせる（強要される）ことは、同じではありません。

良い同僚、良いお客さま、良い取引先、良い地域というのは、一緒に働いていて楽しかったり、前向きなエネルギーを持っていたり、お互いに成長できる相手のこと。逆に言えば、ストレスのない付き合いができる相手ということです。ここで書く「良い」とは、自分たちに都合の良いではなくてお互いに良いということ。

しかし残念なことに、人を人として扱わないお客さまや、自分さえ良ければいいと相手のことを考えない取引先も存在します。

もちろん価値観や文化が違ってもいいのですが、**理不尽な要求をしてくる会社とは距離を置いています**。いくら取引額が大きくても、「毎日ちゃんと幸せに働く」が実現できないならば、取引しないほうがよいと考えるからです。

お付き合いをやめたら、その代わりに自分たちがもっと気分よく働ける相手を探してくればいいのです。

実際、あるお客さまとの取引をやめたときに、うちのメンバーたちは新しい取引先を見つけ、年内にはその損失の穴埋めをしてしまいました。**関係を解消することと新しい相手を見つけることをセットにしていけば、状況は良い方向にどんどん変わっていく**ことを身をもって学んだのです。

「お互いが毎日ちゃんと幸せに働く」という強いプライオリティを持っていることは、とても大切だと思います。日々の仕事に迷いがなくなり、「これは違う」「これは変えなければいけない」といったことがたくさんあぶり出され、かつ、即座に判断できるようになるからです。

既存メンバーを替えずに会社を変える

第二創業宣言によって会社を変えていきましたが、その一方で、心がけていたことがありました。

それは、**「人を入れ替えることで会社を変えるようなことは絶対にしない」**ということです。

会社を長年支えてきてくれたベテランメンバーを大切にしたかったたのです。僕の思いは「彼らに恩返しするために良い会社づくりをしてきた、お互いの再起をかけてきた」と言ってもいいほどです。

たしかに、僕がアトツギとして戻った頃は酷かったと思います。モラルの低い環境に、僕もいろいろ思うところはありました。

しかし、メンバー一人ひとりと個別に話していると、みんな常識的で普通の優しい人なのです。プライベートではパートナーがいたり、子どもがいたり、親がいたり、友だちがいたり……と、きちんとした社会人としての自分を持っていました。

実際、彼らの仕事はお客さまから高く評価されていて、不祥事があった後でも99%のお客さまが応援してくれたことはすでに書いた通りです。

当時は**組織の環境などが悪かったために、彼らの良い部分が職場で発揮されていなかっただけ**なのです。だから、みんなの良いところが普通に出てくれば、会社はきっと良くなると思っていました。

とはいえ、人間というのは、慣れ親しんだ環境が変わることにストレスを感じます。たとえ良い方向に変わるとしても、基本的には変わりたくないと思う面もあります。

経営者やリーダーがこのことに気づかない、あるいは、一人ひとりへの配慮が足りないと改革は上手くいきません。無理に急いだり、人を雑に扱うようなことがあってはいけないのです。

だから、時にベテランメンバーには個別にこう伝えました。

「会社はどんどん変えていきますが、辞めないでくださいね。大丈夫ですから。僕は一人ひとりを大切にしますから」

「わかった、社長がそう言うなら辞めへんよ」

そう言ってくれるベテランメンバーもいて、今でも、ほとんど辞めていません。

その後、彼らは変化を受け入れてくれて、新しく入った若いメンバーたちを支えてくれました。だからこそ、予想以上に早く改革を進められたし、驚くほど先輩と若手との間に溝がないし、仲が良いのです。

他人の良いところだけを見て付き合う

僕は、**第二創業宣言をしたときから、自分自身も毎日幸せに生きるように努めてきました**。会社のリーダーとして範を示すことも大切だし、僕自身が真に幸せに生きたいと願ったからです。

人は他人と暮らす社会的生き物です。自分の幸せにフォーカスすることは、同時に他人との関わり方にもフォーカスする必要があります。

僕も他人も皆それぞれです。

いろいろなバックグラウンド、価値観、思い、身体性などを抱えて生きています。それを良いとか悪いとか世間的な評価を借りてみたり、主観的に評価しても、自分が幸せになることとはあまり関係がないことに気づいたのです。

それ以来、どうせ主観的に他人を見るなら、その人の素敵な面やポジティブな面だけを見ようと心がけています。悪いところやネガティブな面を見ようとした瞬間に、僕の主観は幸せではなくなっています。自分が何に意識を向けるか（フォーカスするか）は自分のコントロールが利きますから、**幸せでありたいというのであれば、幸せであることにフォーカスすることが大切**だと思います。

また、僕は小さい頃から家の中で他人の悪口を聞くことなく育ちました。

父や母がそう意識的に取り組んできたのか、そういう性格なのかは半々な感じがしますが、とにかく他人の悪口を聞かずに育ちました。ただ、社会に出れば出るほど他人の悪口を聞く機会も増え、どこかでそれが当たり前になっていました。

しかし、自分の毎日の幸せにフォーカスして気づいたことは、**他人の悪口を言ったり聞いたりするエネルギーは、自分の幸せとは真逆のエネルギーである**ということです。

そこで、僕は幼少期のことを改めて思い出し、他人の悪口を言わないのは当たり前であり、他人の悪口を言う人とは付き合わないか、付き合い方をよくよく考えるようにしています。

なぜなら僕自身も毎日がちゃんと幸せでありたいからです。

chapter 4
アトツギ経営者になって感じたこと

得意分野や経営のスキルがなくても、やり方はある

社会経験を外で積んでからアトツギとして家業に入った人に話を聞くと、「会社に早く貢献したい。メンバーに認められなければならない」という気持ちが強く、営業分野など現場でがんばるケースが多いようです。

しかし、経営者が現場を知ることは大切ですが、存在感を発揮したいがためにそこでずっとがんばるのは、アトツギとしてはマイナス面もあるそうです。

なぜなら、**経営者の仕事の本質は、社会的価値を提供することの他に「資源調達と資源配分（お金の使い方）を判断すること」にある**からです。

資金調達も含めて、その判断の質が大切になりますから、アトツギであれば、そこを磨

く勉強（経験）もしなくてはいけません。

営業などを長くやってしまうと、稼ぐことで社内での影響力がついたように思ってしまいますが、いざというときに経営者としての準備がまったく整っていない可能性があると言うのです。

幸か不幸か、僕の場合は、心ならずも「経営者見習い」の立場で内部管理を任され、一時期は腐っていました。でも、結果的にはこれがよかったのかもしれません。

現場に出ることはありませんでしたが、借金を減らすために俯瞰的に会社の課題を見つけては財務改善に日々取り組んでいました。

また、それと並行して経営に関する勉強会に参加したり、ドラッカーなどの著書を読み込むことで経営の勉強もしていたので、その後に出合った「経営品質」についての考え方もすんなり理解できました。経営の素人ではありましたが、ある面では「準備」ができていました。

だからこそ、第二創業宣言をしたときに、どんな会社にしたいかというビジョンに合わせて環境や制度を整えていくことができたと思っています。

アトツギ経営者の皆さんは、**早めに先代から資源配分の決定権を持たせてもらってくだ**

さい。そのためにも、内部管理を担当し、経営判断の質を磨く訓練をしていくとよいと思います。

信用調査会社にフル開示して外部の不安を解消する

これは、経営不振の家業を継ぐことになったアトツギの方にお話ししておきたい経験です。

会社を再建する過程では、社内の問題とは別に、外部からの信用危機をどう防ぐかという課題もありました。

たとえば、信用調査会社との付き合い方がそうです。

かねてから父はクローズ主義であり、調査会社には何も言わず、決算書も渡していませんでした。しかし、この頃には仕入れ先にも不安が広がりつつあり、「手形支払いではなく現金で払ってください」「小切手にしてください」などと、メーカーからの回収条件が厳しくなり始めていました。

そこで半ば開き直って、父とは真逆の方針を採りました。無駄に信用不安を起こしかねない、誤解を招くような情報だけは出さないようにして、それ以外のすべての情報はオープンにすることにしたのです。

信用調査会社には、こちらから連絡を取って、包み隠さずに内情を説明しました。「今はこういう状況で大変ですが、こんな再建スキームができていて、こういうふうに立て直しているところです」と。

普通、こういう場では、どこまで話すか腹の探り合いになるものです。しかし、僕の正直すぎるスタンスに調査会社も驚いたのか、担当者は「ここまで赤裸々に聞かせていただいたことは、ほとんどありません」と話していました。

さて、そうしてみると、取引先の態度も変わっていくのがわかりました。取引条件の見直し要求も減っていき、お金がちゃんと回るようになっていきました。

その後になって、ある取引先が特別に教えてくれたのですが、その調査会社の資料には、【（井上株式会社は）ぎりぎりの状態ではあるが、代表者交代により、再生・再建に向けて力強く歩んでいる。問題なし】といった内容のことが書いてあったそうです。

この一件で学んだのは、人間は、「わからない」という不透明さに不安を覚えるということです。オープンであれば、そこには実態があるので相手も冷静に判断できるようになります（もちろん、オープンにしただけで何の対策もなければ駄目ですが）。

それ以来毎年、**決算書ができたらこちらから調査会社に電話**しています。「決算書できました。見に来ますか？　ご説明します」と。

外部の人と交流し、「味方」にすることも大切

外部からの信用危機という点では、うわさ話も無視できませんでした。

僕が福知山市に帰ったときには、地元の商工業者の間で「井上は危ないらしいよ」というわさ話が広がり始めていたからです。

あるメンバーなど、居酒屋のカウンターで飲んでいたら、「君、どこで働いてるんや？」と聞かれ、井上だと答えたら、「ああ、あそこか。もうあかん会社やろ？」と言われて大変なショックを受けていました。

その一件を知り、この事態を放っておくと、うわさ話に会社が潰されると思いました。

状況が悪いのは本当ですが、うわさが先行すると、もっと悪くなってしまう。しかし、だからといって、一人ひとりに説明して回るわけにもいきません。

そこで僕が実行したのは、**地元のいろいろな集まりに積極的に参加する**ことでした。

人は自分の知らない人のことは、無邪気に悪口を言うものだからです。良くも悪くも、自分が知っているごくわずかな範囲の情報で、その人の個性や状況を拡張して理解するのです。

反対に、自分がよく知っている人のことについては、無責任な悪口は言いにくいものです。うかつなことは言えないという心理も働きますし、何より、良い面も悪い面もあるのを知っているからです。

実際、皆さんと交流してみると、悪い人はいませんでした。

「君が今やっているのか。あんたのお父さんには会ったことないわ。今どうなんや？」

「海外から帰ってきて、いろいろありますが、がんばっています」

「そうか、そうか、がんばれな」

こうした会話をあちこちで繰り返していると、地域での評判も変わっていきました。**会社というのは、内部の信用も大切ですが、外部からの信用もすごく大切なのです。**

もし、皆さんの会社がもともと地元の付き合いを大切にしているのなら、そこは大丈夫でしょう。しかし、先代が地元のコミュニティにまったく参加せず、アトツギが遠方から戻ってきたケースでは、顔とキャラクターを知られていないことがマイナスに働くことがあります。面倒がらずに地元とコミュニケーションをとり、顔を知っていただくとよいと思います。

アトツギ経営者はもっと「自分」を出していい

若くしてアトツギ経営者になった場合には、「メンバーに早く認められるようにならなければ……」という気持ち、あるいは、年上のメンバーへの遠慮がどうしても生じるものです。

一方、メンバーの側にも、自分より若いアトツギが入ってきて「社長です」と言われても、素直に「そうですか」とはなりません。「自分の人生を預けて大丈夫か？」となって当然です。

そこでアトツギ経営者がすべきことは、自分をさらけ出して、自分を知ってもらい、どんな価値観の人間が経営の責任を担おうとしているのかを知ってもらうことです。ただし、これがなかなか難しい。その必要性に気づかなかったり、そこまでせずとも会社が動いているように思ってしまったりするからです。

思い返してみると、僕にもそうした遠慮がありました。実質的に舵取りをしていたのは専務でしたし、「自分は認められていないのではないか？」という気持ちもありました。しかし、第二創業宣言以降、メンバーから見た僕のキャラクターはまったく変わってきているはずです。

それまでは、「物静かで、何を考えているかわからない人」。

あまり自分を表現してこなかったのですが、第二創業宣言の後は、「僕はこれが好き、これが嫌い」とか「こういうことにお金を出す、出さない」といったことを、積極的に表現していったのです。自分を見せてメンバーから評価されるのは怖いものですが、そんな怖さ以上にメンバーの毎日の幸せにコミットしていく責任があることを自覚したのです。

また、メンバーにとっても自分たちのリーダーが何を考えているのかわかりにくいというのは、とても働きにくい環境です。**社長を信頼する・しないの前に、社長がどんな人間なのかを知ってもらうことはとても大切**です。

皆さんも、ビジョンでも理念でも好き嫌いでもいいので、もっともっとメンバーに向けて発信していっていいと思います。

メンバーにとって、「この人は自分を幸せにしてくれる人かどうか」は関心の高いトピックです。それなのに、経営者がそこを遠慮しているせいで組織力が上がらないのはとてももったいないことです。

ところで、僕が自分をさらけ出すようにしてから2～3年が経った頃、クリスマスパーティか何かの余興で、メンバーたちが「井上クイズ」を企画したことがありました。「井上大輔といったら?」という質問が出たので、みんなが何と答えてくれるかを密かに楽しみにしていたのですが、そこで出てきた答えは、「スパイスカレーが好き」でした。たしかにすごく好きですが、社長として出てきた印象がスパイスカレーというのも、ちょっと複雑な気持ちではあります。でも、何も印象がないよりは何倍も嬉しいことです。

経験は欠かせないが「強要」はしない

経営品質に取り組んでみて、改めて「なるほど、やっぱりそうだよな」と思ったのは、「その人の幸せや成長には経験が必ず伴う」ということです。

それを経営品質的には日常業務に落とされたプラクティス（練習）と言いますが、日々の仕事の活動が、その人にとって良質な経験値にならないといけない。考えて動くことも、動いて気づくことも、どちらであってもそこには必ず動くという体験がベースになります。**体験が伴うからこそ自分へのフィードバックが強く、学習効果も高い**のです。

逆に言うと、勉強して頭だけ良くなっても、リアルな経験を積まなければ、成長することは期待できないということです。

では、なぜ、みんなそうしないのか。

それは身体を動かして経験することを「コスト」だと捉える側面があるからです。頭で考えることは情報を脳に送り込むだけですが、経験は身体と時間を使う必要があります。それをコストと捉えてしまうと、コストは少ないほうがよい、効率的なほうがよいと考えてしまいがちです。

でも、自分自身の成長を考える上で、「省エネ」だとか「効率的である」といったことは、成長を語る上で主題ではないはずです。

それなりに時間と労力をかけ、経験を重ねたほうがはるかに学習効果が高く、長期的に見るとリターンが大きいと思います。

もっとも、多くの経営者は、人や組織について勉強していますからそこには気づいています。

ビジョンをつくって価値観を整理することと同等かそれ以上に、「経験をデザインすること」が大切だと気づいていますが、実は、そこに罠があるのです。

経験が大切だとわかっているからこそ、「これをやりなさい」と「やらせて」しまう。よかれと思って、つい強く勧めてしまいます。

しかし、僕は、そこには十分気をつけてきました。

どちらかの方向に向かうであろう**手前の環境づくりをしっかりして、最後にやるかやらないかの判断は本人たちに委ねていく**ようにしたのです。なぜなら、何をするかという判断にこそ主体性があるからです。

だから、メンバーによって取り組み度合いにもバラつきがあります。すごく熱心にやる人もいれば、そうでもない人もいます。ペースは人それぞれ違いますが、組織としてはどんどんやるほうにみんなが向かっていきます。

経験は間違いなく人の成長に大切ですが、経験のし方、させ方のデザインにひと工夫が要るように思います。草木はどれも同じようには伸びないのです。

chapter 4

自分が変えられることにフォーカスする

人がなかなか変われない理由を掘り下げていくと、生物学的な理由（ホメオスタシス＝恒常性）のほかに、暮らし方にも原因があると思っています。

成熟した社会では、自分たちの暮らしが良くなるためのさまざまな機能やサービスは、自分以外の誰かがその人の仕事を通じて実現してくれます。そうすることで社会全体の暮らしやすさは高められていきますが、一個人としては、自身の幸せな暮らしを国や他者に期待する・依存することが増えていきます。

これは他者への期待と満足を生むことはあっても、主体的な気づきである自分の「幸せ」とは直接つながっていかない面もあると思います。

もちろん自分たちが主体性を発揮して、国や行政の仕組みや制度を思うように変えられるかというとそれは難しい。現実的にはほぼできません。

しかし、**自分の身の回り（1日24時間という時間の配分、仕事や生活をする場所）に対し**

てフォーカスしていくと、主体性を発揮して変えられることはたくさんあります。

たとえば、使う歯ブラシを今日から替えてもいいし、髪型を変えてもいい。朝30分早く起きて趣味や勉強をしてもいいわけです。そういう意味では、自分ですぐにでも変えられることにフォーカスしていくと、できることや楽しみへの気づきが増えると思います。

僕も、うちのメンバーも、「国が……」「法律が……」とか「景気が……」といった、要するに自分の力で及ばないことに対してはあまり関心を持たないようにしています。天気もそうです。雨や雪が降る日もある。それを嘆いても仕方がない。むしろどんな境遇をも楽しんでいい。

逆に、**何事も変えられない人は、絶対に自分では変えられないところに目を向けて「変えられない」と嘆いていることが多い**のです。

「円安がどうの、インフレがどうの、国がどうの……」と、大きな話題を不満げに語っても、それは自分では変えられません。

もっと小さな、自分たちが変えられることにフォーカスして、一つひとつ変える経験を楽しみたいですね。

必要なのは最初の勇気・決意・覚悟

経営者が結果主義になってしまうのは、利益を出し続けなければ会社が潰れてしまうからです。会社が潰れてしまえば誰も幸せにできない。だから結果にフォーカスしがちで、日々のプロセスが雑になります。

そして、人は毎日を生きていて、メンバー一人ひとりの毎日の幸せを考え、働くストレスをなくしていくといった大切なことを後回しにしがちになるのです。

僕が知っている社長さんたちもそうですが、中小企業の経営者には利他的考えを持つ人が多いので、みんな心の中では「社員を大切にしたい」と思っています。メンバーの幸せを考えてはいるけれど、結果を問われる日々の中で、どうしても毎日の質は後回しになりがちで、いずれそれが常態化していくのだと思います。

しかし、それではメンバーが生き生きと働くことはできません。「この船（会社）に乗ってよかったな」と思うことや、自分の人生（自分事）としてこの仕事で何かを実現していくという気持ちも萎えてしまいます。だから、結果だけではなく、**メンバーの毎日の主**

体性や一人ひとりの成長を大切に両立するほうが、長期的には良い結果につながっていくと思います。

これを始めるには、経営者としての信念や勇気が要ります。

ただ、それも最初だけです。

僕のような素人経営者、しかも20代後半まで、バリ島でフラフラしていたようないい加減な人間でも、この10年間、「毎日がちゃんと幸せ」な会社をつくる経営に取り組むことができているのですから。ということは、中小企業の経営者の皆さんがすごく大きな決意とか勇気だと思っていることは、実はそれほど大したことではないのかもしれません。

ただ、最初だけはそれを強く信じることです。このやり方でもいけると信じること、考え方を変える、優先順位を変えるちょっとの勇気を持つこと。それがあれば、絶対にできるようになっていきます。

難しいと感じるのは、良いロールモデルが少なすぎるからです。であれば、僕も微力ながら北京都からそのロールモデルになれるよう努力を続けようと思います。

結果か成長かを問う信頼マネジメント

僕が、メンバーを信じる信頼マネジメントに徹しているのは、メンバーがその日一日、人生の大切な一日を振り返ったときに、こう思って働いてほしいからです。

「今日も自分らしくがんばったな。楽しかったな」

「今日も同僚に優しく働けた、明日もがんばろう」

このような話を経営者仲間にすると、「井上さんは経営者としてどのくらい我慢しているのですか?」と聞かれることがあります。僕が相当無理をして、我慢強いマネジメントをしていると思うのでしょう。

もちろん、最初の3~4年は、たくさん葛藤がありました。すでに書いたように、経営上危機的な状況である上に社内は問題だらけだったからです。

しかし、ある時点から気づいたのです。メンバーに対して「これを言いたいな」と思っているときは、そのメンバーの成長を応援するよりも、結果を急いでいるということを。

「なぜ自分は今、これを言いたくてウズウズしているのだろう?」

「なぜ自分は管理をしたくなるのだろう?」

そう考えたときに、**僕がフォーカスしていたのは、相手の成長や幸せよりも組織の「結果」**でした。もっと言えば、「自分のほうが正しい。相手を導いてあげなければいけない」という傲慢な姿勢だったかもしれません。

しかし、それは僕たちがやろうとしているリーダーシップとは違うリーダーシップの発揮の仕方です。リーダーである僕は、**自分自身の正しさにではなく、あくまでもその人の持つ可能性に常にフォーカスしなければなりません。**

実際、組織がある程度の力をつけてくると、メンバーたちが目に見えて成長しているのがわかります。そうなると、経営者としての僕のアプローチも、もっと伸びるための「添え木」をどう用意してあげるかというアプローチに変わっていきました。

ましてや、僕はもともと優秀な経営者ではないので、メンバーたちが伸び始めるとそれに合わせて僕自身も成長しなくてはいけません。特に、ここ数年は本当にメンバーたちが成長していて、「ダイスケさんはもう要らん」と言われないように、僕自身もがんばらなければいけないほどなのです。

chapter 4

無形のもの（人、文化、信用など）を大切にする

多くの素晴らしい経営者の方々が、「信用がすべてだ」とか「人が財産だ」とおっしゃいます。きれい事のように聞こえるかもしれませんが、僕も経営をしてみてわかりました。

それは本当です。

無形のものがすごく大切なのです。これは、会社の今と将来にとても大きな影響を与えます。

会社というのは、有形のものだけで捉えてみてもその全容を把握することは難しい。ＢＳ（貸借対照表）やＰＬ（損益計算書）の数字、あるいは建物だけでは、会社の真の姿は見えません。これらは海面の上にある氷山を見ているのと同じことであり、実は、その下には巨大な土台部分が隠れています。

会社で言えば、人や資源や文化、価値観、信用といったことだと思います。

たとえば、ある会社を訪問して社内を見学したときに、そこの社員さんが全員、仕事の手を止めて立ち上がって挨拶をしてくれたとします。それは素晴らしいことです。でも僕は、その会社に「お客さまには全員が立って挨拶する」というマニュアルがなく、もし自主的にやっていることなら、もっと素敵だと思うようになりました。

まさに無形のものです。

規則やマニュアルなどなくても、それぞれのメンバーが自分と会社とお客さまなど、みんなが幸せになるための行動を自然にとることができる――。そうした**本当に良い組織をつくっていくためには、無形なものを醸成するための日々一貫性のある積み重ねと十分な時間をかけなければいけません。**

逆に、目の前の結果だけを求め、大切にしたい無形のものを疎かにするのであれば、それは長期的には良い経営には向かっていかないように思います。

僕が尊敬している伊那食品工業の創業者・塚越寛さんは、その著書『リストラなしの「年輪経営」』（光文社）の中で、「利益は健康な体から出るウンチである」と書かれています。要するに、利益を生み出すのは良い体質なのだから、結果であるウンチにばかり注目するのではなく、自分の体を健康的に保つことに着目しなさいと言うのです。

営利企業ですから有形的なものをもちろん追い求めなければいけません。しかし、それだけが目的になってはいけない。**有形の物を追い求める行為自体が、無形なものを醸成させていく、ということが良い経営**だと思います。

つまり、「毎日ちゃんと幸せで成長する」ということであり、僕たちが取り組んでいるスパイラル経営やWELL-BEING経営は、まさにそれを目指しているのです。

メンバー一人ひとりの命に敬意を持つ

経営者としてこの話をもっと深めていくと、「メンバーの一人ひとりを大切にする」とか「尊重する」と言ったときに、「どこまで大切にするのか?」という話になります。

いろいろな考え方があっていいと思いますが、一人ひとりの命や人生までも大切に考えたときに、初めて「人を大切にする」「人を尊重する」ことになるのではないかと思っています。

「人手不足だから」とか「会社の成長のために」といった実利的な理由でないのはもちろんのこと、「メンバーの生活に責任を持つべき」といった道義的な理由でもなく、

・一人ひとりが貴重な命を持つ素晴らしい存在である
・一人ひとりを大切にするのに「条件」など要らない。どんな人であっても大切にすべきである

——という生物的なアプローチで人と向き合えたらと思います。
ちょっと極端な話かもしれませんが、そんな思いを持って会社を経営しています。

家族的経営はめざさない

僕たちの会社の話を聞かれた方から、時々「素晴らしい家族的経営をなさっていますね」というコメントをいただくのですが、家族的経営はまったくめざしていません。

家族的であることの良さはわかっているつもりですし、会社のメンバーのことはとても大切に思っているのですが、「家族ではなく他人同士である」ことにとても大切な意味があると考えています。

それは、他人の尊厳やその人の人生に関わる責任を疎かにしないことが大切だと考えているからです。

そこにはある種の緊張感も伴います。

仲良くなると、お互いを大切にすると同時に時に甘えが生じます。僕は自分に甘く弱い人間ですから、その緊張感と共に他人と向き合っていくことで、初めて困難から逃げたりせずに本質的な取り組みに努力できると考えています。

またドライな言い方をすれば、人は生まれてから死ぬまで「孤独」です。自分の人生は詰まるところ自分で始末をつけなければいけません。厳しくも豊かなその道を、他人への甘えや依存心によって閉ざしてはならないと思っています。

メンバーへの愛（思い）を伝えることから始めませんか？

経営者の集まりに参加すると、他社の社長さんたちとじっくり話す機会があります。

そのときによく感じることなのですが、ほとんどの社長さんたちは誠実な方で、自社の社員さんの良いところをちゃんと見ておられ、大切に思われていることが伝わってきます。でも意外とその思いを**社員さんへわかりやすく伝えている人は少ないと感じます**。

僕は、そういう席で自社の社員さんをほめていない社長さんには、おせっかいにもこう提案しています。

「その人の素敵なところをどんどん伝えてあげればいいじゃないですか？」

社員さんを積極的にほめない社長さんは、ご自身が「メンバーをほめる社長」の下で働いた経験がなかったり、「経営者と従業員にはある一定の緊張感があったほうがいい」と学んでこられたのかもしれません。

でも、**愛情に線引き（遠慮）をする必要はない**と思います。

その社員さんの言動が素晴らしいと思ったら、「すごいね！」とか「その行動は素敵だね」などと言葉に出してほめたり、認めてあげればいいのに……と思うのです。

経営のやり方はいろいろありますが、**経営者は、経済的合理性だけでなく「自分が持っている他者への愛情や思いやり」をもっと大切にしていいし、自分とメンバーを信じていい**と思います。

皆さんも、まずはメンバーへの愛をもっともっと伝えることから始めてみてはどうでしょうか。

主な取り組み例

✦ 新卒採用では社長が実家へ挨拶に出向く

新卒のメンバーに関しては、社長である僕が全国どこでもご実家を訪ねて、親御さんとお話をさせていただいています。

社会に出る大人とはいえ、大切に育ててきた子どもを北京都の中小企業に預けることになる親御さんの不安を解消し、どんな人間が経営に携わっているかを知っていただくことで、少しでも安心していただけたらとの思いからです。

社長が訪ねてくるとなると、面倒に感じられる方もいらっしゃると思いますが、それでも訪問させていただいています。

また、親御さんと話してみると、そのメンバーがどんなご家庭で過ごしてきたのか、親御さんがどれほどの愛情を持って育ててこられたのかを感じることができます。大切なお子さんを自分の船に乗せる責任を、ひしひしと感じながらいつも訪問先を辞しています。

✦「WEアカデミー」で入社36カ月の集中教育

「WEアカデミー」とは、入社から36カ月間を4ステージに分けて行う集中教育です。当初はメンバーの主体性を大切にして、本人や部署リーダーに学びたい研修を自分たちで考えたり、選んでもらったりしていました。しかし、あるとき「もっと学びたいが、自由にしていいと言われても自分たちではまだ学ぶべき内容を見つけられない」という相談があり、しっかりとした研修環境があることの大切さに気づき、システムを整えました。

現在は、教える側のベテランメンバーが教育内容（専門教育と人間教育）を考え、対話式で教育しています。また、学んだ内容は社内SNSに各自が書き込み、全員で共有しています。教える側も成長する研修です。

なお、このWEアカデミーは、今後「WEトレーニング」にアップデートする予定です。座学だけではなく、動画視聴や身体性も伴うようなトレーニングなど学びのアプローチを多様にするほか、入社36カ月にこだわらず、メンバー全員が個別にトレーニング

WE アカデミー

入社してからの成長に、本気です。

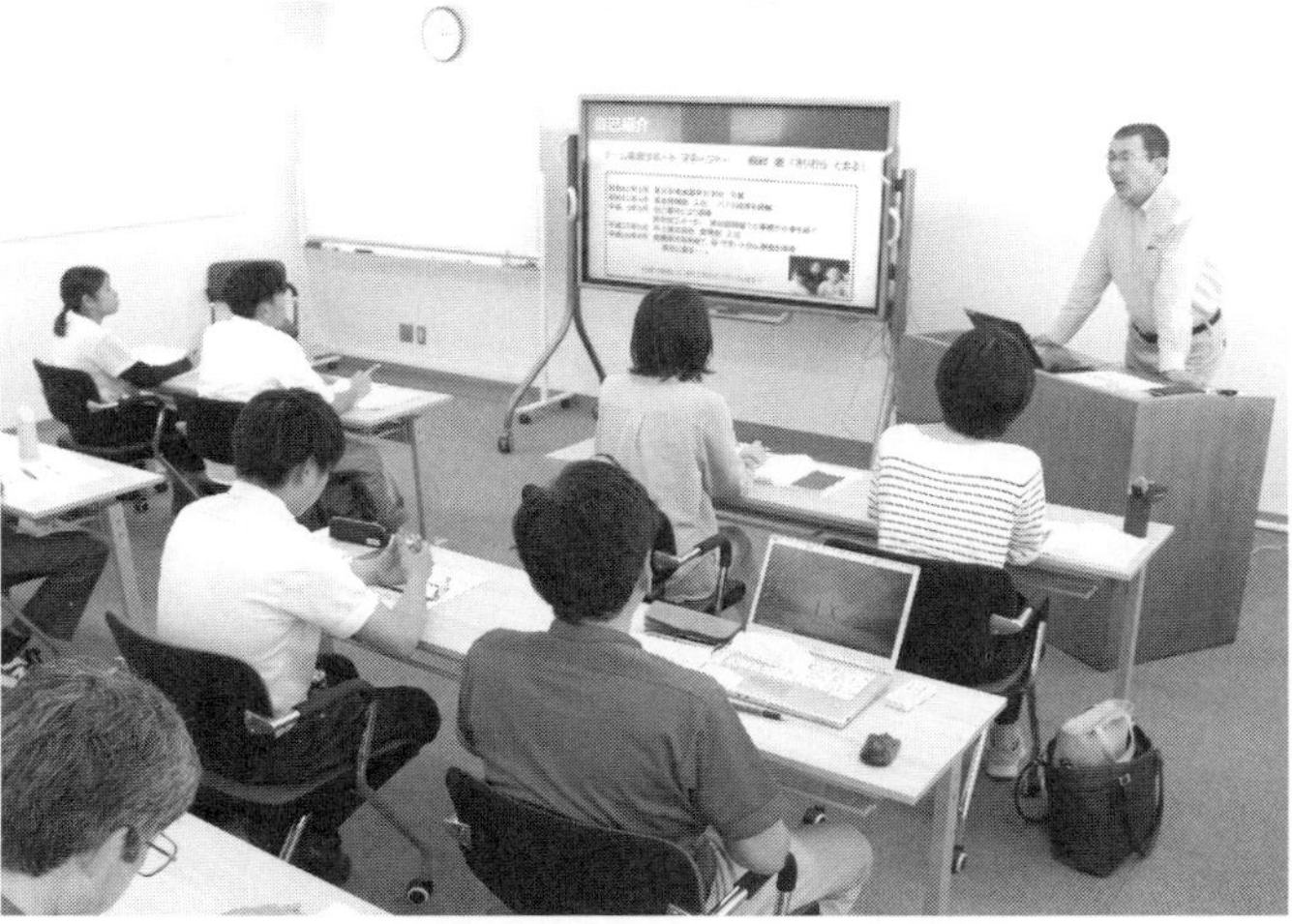

「WEアカデミー」では、ベテランメンバーが講師として活躍。学んだことは、社内SNSで共有もしている

に取り組めるように設計する予定です。メンバー同士で教え教わり合う、成長を応援し合う、支え合う組織へと変わっていこうとしています。

✦ 入社2年目までの「チューター制度」の期間中も全員で育てる

「チューター」と呼ばれる先輩メンバーが、入社2年目までの新入社員をサポートしています。

マンツーマンで指導し、相談を受ける中で、わからないことは何でも聞ける関係性をつくっていきます。ただし、会社の全員がチューターであるとの意識を持って、新人を支援しています。

「チューター制度」では、年齢の近い先輩が仕事のあらゆる面で新人をサポートしている

第5章

長期的に〝最幸〟に、ワクワク儲ける

新しいビジョン「Happy Spiral」

chapter 5

長期的に〝最幸〟に、ワクワク儲ける

本書の最後では、僕が現時点でイメージしている理想の経営と、今後10年のビジョンをいくつか記しておきたいと思います。

２０２３年9月から11月にかけて、僕はケニア、カタール、ドイツを訪問してきました。「経験を取りにいくことの大切さ」はここまでも繰り返し書いてきたことですが、今回の旅では、まさに経営者としての考え方を変えるほどの気づきがありました。

実際、帰国直後に開いた半期総会で、この先10年のビジョンを修正したほどです。

最も大きな変化は、**メンバーに向けて「長期的に〝最幸《さいこう》〟に儲ける」という旗を掲げた**ことです。

これまでＳＤＧｓの勉強もたくさんしてきました。また、さまざまな書物や勉強会を通じて世界の貧困や教育・医療の格差問題などについて、自分なりに考えてきたつもりです。

さまざまな社会課題と向き合って活躍されている日本の方々も多く、尊敬する気持ちに今も変わりはないのですが、では、「自分に何ができるか?」と問われたときに、改めてこう考えたのです。

《僕には、北京都という場所で預かっている会社がある。メンバーをはじめとして、お客さま、取引先、地域の皆さんといった、たくさんのステークホルダーがいる。であれば、そこを中心に考えなければいけない。そこを疎かにして、「グローバルな課題と向き合う」というのは本末転倒ではないか? グローバル規模でのSDGsも大切だが、まず自分たちがきちんと世界的な経営体質を培《つちか》うことをめざし、力をつけ、その結果得た資源を可能な限りステークホルダーのために使っていく、そういう経営が真のソーシャルカンパニーではないか。みんなで一生懸命楽しくめちゃめちゃ儲けて、それをみんなに分けよう――》

本書においてもそうですが、これまでは「成果」という言葉は使っても、「儲ける」という言葉は社内では敢えて使わないようにしてきました。

「世の中の役に立つ良いものやサービスは、長い時間軸で考えたときにはいつかは等価交換で自分たちに還元される」と考えています。「儲ける」という言葉を使うことで、自分たちが商売の本質を取り違えるのが嫌だったのです。

しかし、海外視察の後は、考えが変わりました。

今の日本は、世界の経済成長から取り残されて、冷めかけたぬるま湯にいるような状態だと思います。そこから脱却するためには、「もっと儲けよう！」といったことを声高に叫ばないといけないのではないか。**日本全体がこのまま生産性の低い仕事を続けていても誰も幸せになれないので、まず自分たちから始めよう**と考えました。

もちろん、ただ儲けるのではありません。毎日ちゃんと幸せに、ワクワク働いた結果として得た利益をみんなに分配するため——**長期的に、〝最幸〟に儲ける**のです。

長期的に儲けるには「嘘」が許されない

「長期的に儲ける」と書いたのは、**今の20代・30代の人たちが、自分たちの未来をより良く描けるような会社にもっと変えていく責任**に気づいたからです。

これは一橋ビジネススクールPDS寄付講座競争戦略特任教授の楠《くすの》木《き》建《けん》さんがおっしゃ

っていたことですが、長期的な利益を追求すると、必然的に、あらゆるステークホルダーに対して誠実であること、彼らにきちんと利益をもたらすことが求められます。その継続性がないと、長期的利益は追求できません。

また、長期的利益を生み続けるには、社会変化に対応し、周辺地域の社会課題にも向き合う必要があります。だから、長期的利益を追求することとソーシャルであろうとすることは、実は同じことを言っているのです。

ましてや、経営者が自社の長期的な利益を本気で追求せず、流行《はや》りのトピックのバッジを付けて社会性を謳《うた》うのはダメだといったことを楠木さんはおっしゃっているのですが、ずっと抱いていたモヤモヤ感を明確に言葉にしていただいたような気持ちでした。

もちろん、社会には課題があり、課題解決に携わろうとされている思いや行動は素晴らしいと思います。しかし、すでに多くの素晴らしい**ステークホルダーに囲まれて生きてきて、その方々が幸せになるような経営をさらにめざす責任がある**と思います。

もっとお客さまのことを考え、より高い価値を提供する

海外視察から帰国した直後、僕は会社の半期総会で、新ビジョン「Happy Spiral　長期的に最幸に儲けよう」を発表した上で、こう言いました。

「大切なことは長期的に最も幸せな状態で儲けていくことです。これを原資にして、個人もステークホルダーもより幸せにしていこう。だから、みんなも、どうやったら自分たちが今まで以上にお客さまや社会のために価値をつくれるかを一緒に考え、取り組んでください」

すると、10年以上、僕の経営を見てきたメンバーたちの顔は、まんざらでもなかったのです。

「そりゃそうでしょ。やりましょうよ！」と。

もちろん、最幸に儲けるということは、人を騙したり、不当に利益を乗せて損をさせたり、短期的な利ザヤを稼いだりするような行為ではないことを、みんなは理解しています。

今までみんながやってきたこと——**毎日ちゃんと人に感謝するとか、主体性を発揮するといったことが、もっとお客さまのこと考え、より高い価値を提供して最幸に儲けるとい**う方向に一気にシフトしたのです。

chapter 5

経営者として次のステージへ挑戦する

第二創業宣言以降の今に至るまでの10余年――。倒産寸前の会社がここまで成長できたのは、僕が社長を務めたからではなく、メンバーのみんなが自らの可能性を信じ、チャレンジしてきたからだと思っています。

僕の経営について「他の会社では再現性がない」とか「真似ができない」と言われたこともありますが、そんなことはありません。僕は経営の素人でしたし、業界の知識もありませんでした。

だから、メンバーの可能性を本気で信じ、時間をかけて一人ひとりの主体性が発揮される環境をつくることができる経営者であれば、僕でなくても、良い会社になったと思います。

しかし今回の海外視察を経験して、僕は「次の10年は井上大輔でなければできない経営をする！」と決めました。

振り返ってみれば、経営者としてリスクをあまり取っていなかったからです。特にここ数年はコロナ禍もあって慎重になり、また借金まみれの真冬の厳しい状態をやっと乗り越えた春の暖かい陽気を楽しんでいました。

しかし、**経営者としてメンバーの成長や将来を考えれば、会社が次のステージに向かうために必要な厳しいことから逃げてはいけない**のです。やれること、やるべきこと、可能性のあることをまだやり切っていないと改めて気づき反省しました。

長期的に〝最幸〟に儲けるためにも、もっと知識をインプットしていく必要がありますし、**事業に対しても経営の中身についても、もっとリスクを取ってチャレンジしていく必要がある**と考えています。

限界利益で「年7％の複利成長」をめざす

2018年に「京都経営品質賞・優秀賞」をいただいたときに、審査員の方が「革新的組織の入口に立っている」と評してくださいました。

当時、僕たちが理想とする会社の登山口にいたとすると、本番はこれから。道のりが険しくなるのは、ここから先です。

図表14をご覧ください。第二創業宣言をしたのが2011年。限界利益の成長曲線と登山を照らし合わせてみると、山のすそ野から徐々に歩き始めて、これからはどんどん急こう配になります。

現在の限界利益は約10億円ですから、これを年7%ずつ成長させると考えれば、2030年に18億円、2040年には33億円です。一見すると厳しい道のりに見えますが、今まで積み上げてきたものを「複利的」に成長させていけば、決して無理なことではないと思っています。

2%はインフレで押し上げてもらえるでしょうから、あとの5%を埋めるため、経営者とメンバーの一人ひとりが5%ずつ成長していけばいいのです。

たとえば、こんなことです。

- **お客さまのためにやっていたことを、もっと良い方法がないか突き詰める**
- **昨日まではできなかった能力があったら、少しずつでもできるようにしていく**

図表14　7%複利成長による長期的利益追求

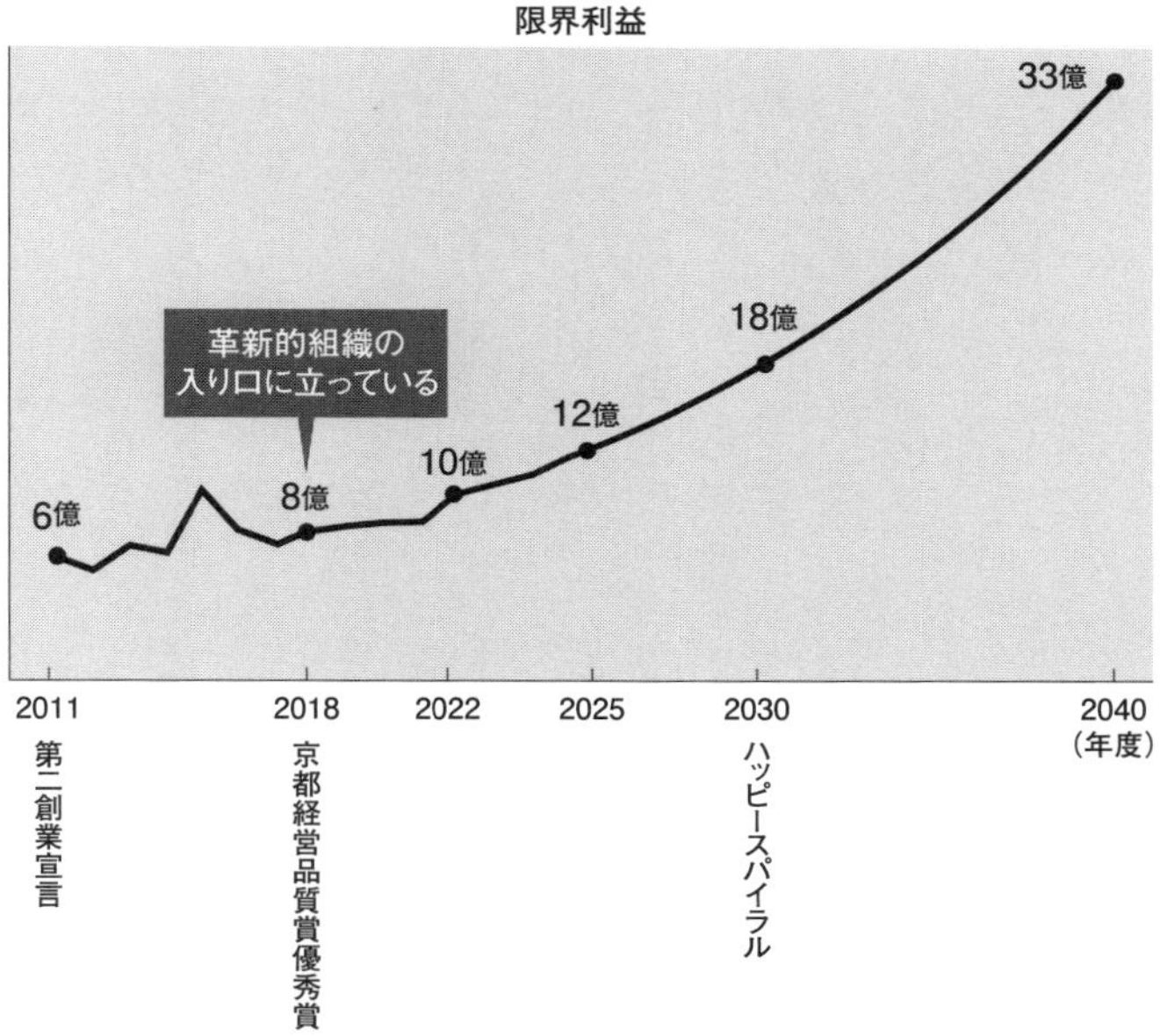

・ＤＸ（デジタル・トランスフォーメーション）化を進めて業務を効率化する
・新たなお客さまとの縁をつくっていく
・お客さまの課題を解決できる新たなソリューションを開発する

もちろん、一人当たり限界利益の増加に合わせて、メンバーの給料も同じ割合で増やしていきます。

chapter 5

毎日がちゃんと幸せな経営とは「信頼資本経営」のこと

「信頼」については、本書をつくるプロセスを通じて、「自分は意識している以上に時間をかけて信頼というエネルギーの可能性にかけてきたんだな」と再確認しました。

そして、僕たちの会社について語るとき、本書にも記した「人的資本経営」や「WELL-BEING」といった流行りの言葉よりも、「信頼資本経営」と呼んだほうが誰にとってもわかりやすい——と腹落ちしたのは、本書を脱稿する直前のことでした。

自分のやってきたことをじっくり整理することで「信頼資本経営」という概念にたどり着けたのですから、その意味でも、本書を書いたことは僕の大きな財産になりました。

働く誰にとっても毎日がちゃんと幸せな経営、多くのステークホルダーを笑顔にする経営は組織の中に信頼という資本がしっかり醸成され、活かされていることで前進していきます。

着眼する信頼資本は、次の四つです。

①自己信頼（自分を尊重する。自分の可能性を知る）
②他者信頼（他人を尊重する。相互支援する）
③組織信頼（全員でいい環境をつくる。主体性を発揮する）
④社会信頼（取引先や顧客、地域の人々を笑顔にする）

これら四つの信頼資本がそれぞれに醸成されることで初めて、「人中心の組織」は健康的に、効果的に動き出すと考えています。

信頼資本を醸成させる上では、法や社会規範の順守は大切です。何でも「信頼」で片づけようとする姿勢では事を見誤ります。

法や社会規範を守ることで、社会的な正しさや倫理観を個人も組織も体得し、一貫性を持って行動に移すことができるようになり、相互に信頼する土壌を育んでいきます。そこには責任感や誠実さも生まれ、ますます信頼が醸成されていきます。

ですから第二創業宣言以降の最初の3年間は、これからの経営において「何が正しいのか？　何が間違っているのか？」にフォーカスして、自分たちで気づいた「正しい」に修正することに全員で取り組みました。

その頃のことや、そのような取り組みを、社内では「ちゃんとする期、ちゃんとする領域」と呼んでいました。「ちゃんとし合う」は、信頼の土台をつくります。

図表15　「信頼資本経営」をつくる4つの資本

chapter 5

信頼資本経営を「絶対信頼資本経営」へとシフトする

これまで、メンバーを信じることから始める「信頼資本」の醸成に力を注いできました。極端に言えば、「メンバーを信頼することの大切さ」から、ブレずに逃げずに経営してきました。その結果、信頼がもたらす大いなる力や可能性に気づくことができました。

そして今、これまでの信頼資本経営をさらにアップデートさせた、言わば「絶対信頼資本経営」へシフトできないかと考え始めています。

たとえば、次のような取り組みを始めることにしたのです。

① 職場の環境づくりについて指示をしない

これまでは、職場の環境は「○○のような状態をめざそう」と、方針の中で細かく示していました。メンバーはそれに沿う形で主体的に工夫を重ねてくれていたのですが、もう環境づくりについてはそれぞれの職場メンバーに任せて、僕は手放すことにしました。

他人同士が毎日過ごす職場をどんな環境にするかは、とても大切なことです。環境づくりこそがすべてだと言いたくなるくらい重要視してきたのですが、だからといって僕があれこれ具体的な状態を示すのはもうやめなければいけないことに気づきました。メンバーそれぞれの力を信じて大きく委ねることにしました。

②iデアスパイラル（アイデア提案活動）を刷新。1提案当たりのポイント付与を2倍に

どんな内容を提案しても報酬がもらえるiデアスパイラルにおいては、1提案に対して付与するグッジョブポイントを、これまでの2倍に増やしました。つまり、500円を1000円にしたのです。iデアスパイラルを通じたメンバーによる経営参画が、これからの経営をさらに加速度的に変化させていくように感じているからです。

なぜ2倍にしたのかメンバーたちから理由を聞かれたので、「インフレだからだよ」と説明したら、「じゃあ、他の手当ても全部上げてください（笑）」と言われましたが、さすがに今の時点でそこまでは難しいです（笑）。

③ 40歳以下のメンバーで社内ルールをリニューアルする

長期的に儲けることをめざしたときに、併せて考えておかなければいけないのが「世代交代」の問題です。

経営陣の現実的な交代はもう少し先のことになりますが、環境や価値観の変化が速い時代にあっては、社内のルールなどは、いち早く次の世代に合わせたものに変えていく必要があります。

特に若い人たちは多くの情報を浴びて成長してきているので、昔の若者に比べて各種リテラシーが高い傾向にあります。

ネットの普及だけではなく、学校でも普通にＳＤＧｓなどを勉強しているくらいですから、社会的に何が大切かといったことは、教科書通りの勉強ではあっても一通りインプットしています。こうしたところでも、中高年とは価値観が大きく異なります。

そのため、２０１１年に僕がつくり、その後、メンバーみんなで改善を進めてきた経営方針であり社内規範である「We Standard」も、僕と40歳以下のメンバーでプロジェクトを立ち上げて、つくり直すことにしました。

そのプロジェクトを経て僕たちが気づいたことは、「これまでの習慣・環境・学びを大胆に変えていく必要がある」ということでした。早速、できることから始めています。

④成長を応援し合う、支え合う組織へ

「WEアカデミー」を入社3年以内の新人の座学中心から、全メンバー対象の総合的な学習トレーニングへ変えようとしていることは第4章で述べましたが、これは単に対象者を広げ、教育メニューを増やそうとしているのではありません。

その中心にある目的は、メンバー同士がお互いの成長を応援し合う、支え合う組織へさらに変化していくことです。

僕はこれまであまり成長について急がず、メンバーの日々の幸せや楽しさにフォーカスしてきました。もちろん人は成長（成熟）する生き物であるし、その大切さは理解していましたが、成長はもっと個人的なものであると捉えていました。ですが、昨今の組織の中で目にするのはメンバー同士が積極的にお互いの成長を支え合おうとする姿勢や具体的な行動です。そうであるなら、相互の成長支援に取り組んでいけるような環境をしっかり整備していくことに着手していかなければなりません。お互いを信頼し合うからこそ取り組

んでいける領域にチャレンジしていこうとしています。

⑤人事労務制度「WE WORK」を一新する

自分たちが働く場を自分たちでメンテナンスしながら高めていく、お互いの成長を支援する、さらに積極的に経営参画していくと、当然のように働き方や成果配分のデザインを見直すことが次のテーマとして出てきます。

特に考課については、これまでの仕組みが機能しなくなりつつあります。まだ具体化していませんが、評価や目標管理評価、信頼資本が高まった上での考課と成果配分の新たな取り組みを模索し始めています。

街を耕してすべてのステークホルダーを笑顔に

第3章で述べたように、僕たちは数年前から、廃校を利用してアグリライフクリエイト事業を始めました（THE 610 BASE）。これは単なる地域活性化ではなく、文字通り「土壌」の部分から耕して、自分たちの街を豊かにしていくことを企図したものです。

今後は、「THE 610 BASE」を中心に、より広範囲にわたって地域の幸せにアプローチしていきたいと思っています。

ちょっと堅い言い方をすれば、新しいビジネスをつくるといった話の一つ手前の段階として、社会そのものへの関与の仕方や、企業として関わっていく領域において、さらに自分たちらしく取り組んでいくということです。

たとえば、障がい者、高齢者の皆さんとのイベントを企画したり、障がい者の方への雇用をつくり出したり、いわゆる子ども食堂をつくったり——といった、本来の企業活動では接点がなかったステークホルダーの方々にどうやって関わり、貢献していくかを考えていくイメージです。

今の社会は、人口増に合わせた街づくりから暮らしの質を高める街づくりへの転換期にあると思います（やや遅れ気味ですが）。

また、子ども、高齢者、障がい者、もちろん大人たちも、それぞれ問題を抱えています。もちろん、そこは政治や行政が解決する部分ではありますが、企業もそうした問題に対して何かできることはないかを、もっと積極的に考えていく必要があると思うのです。

本社新社屋を地域のコミュニティとなる場所に

そうした意味合いの中で計画しているのが、地域貢献の一環としての「新社屋の建設」です。

「（本社の建物は利益を生まないとされてきたけれど）これからの時代は、人が集まる場所、コミュニティを形成する場所が大切になってくる。ただ仕事のための、生産性のある機能的な場所をつくるのではなくて、もっと人と人とのコミュニケーションが豊かになったり、人と人との心が触れ合える場をつくることも経営の大きなテーマになってきている」と、ある尊敬する経営者の方からうかがって、膝を打つ思いでした。

その考えに共感し、廃校を借りてイチゴをつくり、人が集まれる場所をつくってきたのです。

ちなみに、僕が新社屋につくりたいのは「満腹食堂」です。

おしゃれな食堂でなくてもいいのです。それこそ地元の野菜やお米を使わせてもらって、地域の皆さんが気軽に食べに来られるような食堂をつくりたい。子どもたちには、カレーくらいならいつでも無料で振る舞うことも考えていこうと思います。銭湯やサウナを併設する案もありますから、うちのメンバーと地元の人たちが同じ場で食事をし、語らう機会があったら楽しそうです。

「いいですねえ！」

「やりましょう！」

新社屋計画の話をメンバーに伝えたとき、こんな反応と共に、「こういう社屋をつくりたい」という声がたくさん挙がりました。一部のメンバーは、すでに先進的な他社の社屋の研究を始めています。

ここでも**嬉しかったのが、うちのメ**

図表16　信頼を起点にした好循環のイメージ

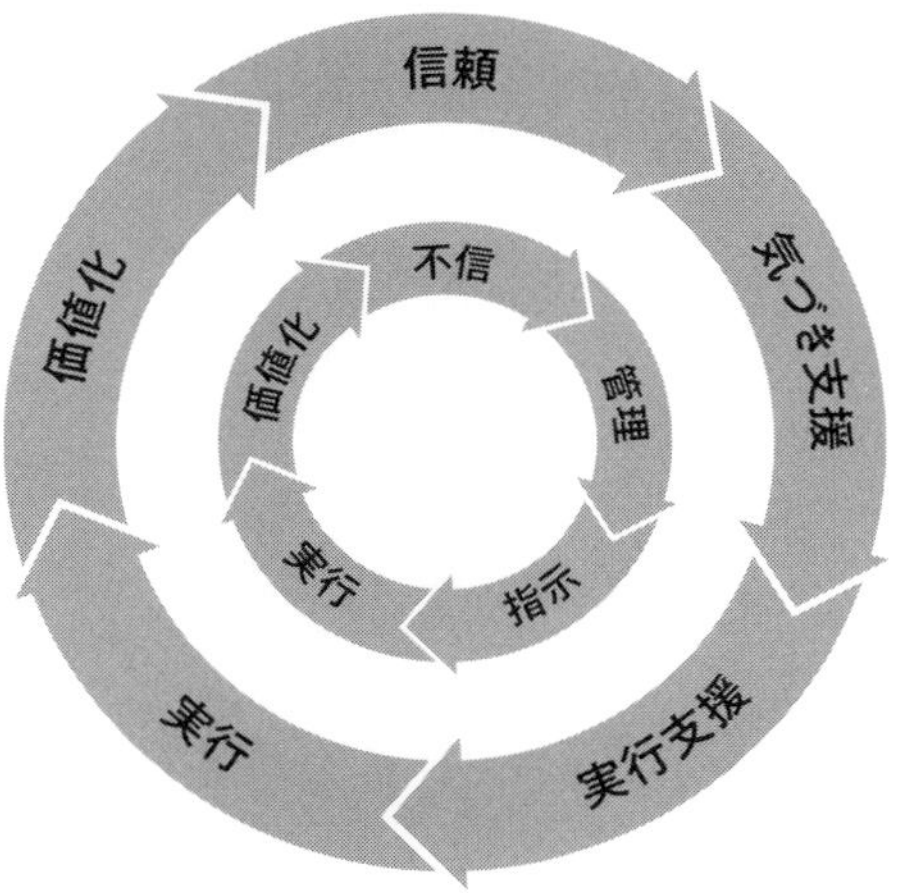

ンバーたちは「自分だけが幸せだったらそれでいい」とは思っていないことです。

世の中は人と人とがつながってできているのだから、そもそも自分だけが幸せになるという話には無理があります。そのことにみんな気づいているのです。

もちろん人間ですから、自分は幸せになりたいし、給料も増やしたいし、大きなトラブルは嫌だし、健康でありたいと思っています。

しかし、**自分の願望を実現することと、自分の隣の人が幸せになること、そして自分の住む環境が良くなることは同質的なものだと理解している**のです。

僕は、こんな素敵なメンバーたちと「旅」をする毎日が、ほんとうに幸せです。

おわりに
Life is a great journey.　人生は偉大なる旅路

本書は、僕の、そして「WELLZ UNITED」のメンバーたちによる「人生という旅のレポート」のつもりで書きました。

ここでもう一度、その旅の中で気づいてきた大切なことをまとめておきたいと思います。

- **人生にはいろいろある。いろいろあるって素晴らしい**
- **「自分の旅」を歩く。お互いの旅を応援し合いたい**
- **今を大切に生きる。まだ見ぬゴールまでの今を楽しみたい**
- **大切なことは時間がかかる。時間をかけることを恐れない**
- **信頼には、ものすごいパワーと可能性がある。もっと信じ合っていい**

・幸せとは主体的な気づきや実感。お互いの主体性を大切にしたい

「きっと、人はいつも、それぞれの光を探し求める長い旅の途上なのだ」

これは、僕が大好きな写真家・故星野道夫さんが綴られたエッセイの中の一文です。この言葉を拠《よ》り所にしながら、実質債務超過の会社の再建と、そこに関わってくださるメンバー（およびステークホルダーの方々）の幸せのためにがんばってきました。がんばってきたつもりですが、改めて振り返れば、その時その時、さまざまな素晴らしい人との出会いに恵まれていただけのようにも思えます。

人生は偉大なる旅路であるとするなら、時に迷い、時に彷徨《さまよ》いながらも、旅そのものを楽しみ、数々の素晴らしい出会いに感謝しながら、最後の瞬間まで精一杯自分らしく旅を楽しみ、歩み続けていきたいです。

誰かのルートを歩く必要はなく、自分のルートを楽しみ、お互いの旅に敬意を払う。そんな歩き方が気持ちいいです。旅を続けていく者同士、これを機に共に歩んでいきましょう。

最後に——本書の執筆はもちろん、日々の会社経営においても、温かく見守り支えてくれる家族に、心から感謝しています。いつもありがとう。

井上大輔

北海道への社員旅行での集合写真

女子メンバー有志が企画した女子会での一コマ。「キラキラ生きる!」と円陣を組んでいる様子

主なアワード受賞・認定等の軌跡

2018年

2018年度「京都経営品質」優秀賞
京都経営品質協議会

「地域未来牽引企業」選定
経済産業省

2019年

「京都モデル」ワークライフバランス 令和元年度認証
京都府

2022年

「ソーシャル企業認定制度 S認証」
一般社団法人ソーシャル企業認証機構事務局

2023年

「これからの1000年を紡ぐ企業認定」
［社会・地域貢献部門］2023年度認定
京都市産業観光局 地域企業イノベーション推進室

2023年度「はばたく中小企業・小規模事業者300社」
中小企業庁

2024年

「アトツギアワード2024」〈ソーシャルグッド部門〉
一般社団法人ベンチャー型事業承継主催

第7回「学生に知ってほしい働きがいのある企業賞」大賞
一般社団法人大阪府経営合理化協会、大阪経済大学、大阪工業大学主催

〈著者略歴〉
井上大輔（いのうえ・だいすけ）
1974年、京都府福知山市生まれ。中学・高校の６年間を、岐阜県の全寮制・中高一貫校で過ごす。大学卒業後、イギリスに３年間留学、インドネシア・バリ島のホテルで３年間勤務。二代目経営者である父が病に倒れたのをきっかけに、2003年、29歳で井上株式会社代表取締役に就任。三代目アトツギ経営者として、借入金・不良資産22億円、実質債務超過10億円の会社を引き継ぐ。社員による贈収賄事件、過去最大の赤字という最悪の事態に見舞われるなか、「働く一人ひとりが幸せな会社づくり」に邁進。数々の地道な活動が実を結び、2018年の「京都経営品質賞優秀賞」の受賞を皮切りに、数々のアワードを受賞する企業へと成長。その経営方針は多方面から注目を集め、中小企業・自治体からの見学者が後を絶たない。

株式会社 WELLZ UNITED
ホームページ

井上大輔 Instagram

@DAIINON

毎日がちゃんと幸せな会社をつくる

2025年３月31日　第１版第１刷発行

著　者　井上大輔
発　行　株式会社ＰＨＰエディターズ・グループ
〒135-0061　東京都江東区豊洲5-6-52
☎03-6204-2931
https://www.peg.co.jp/
印　刷
製　本　シナノ印刷株式会社

ISBN978-4-910739-16-8